新潮文庫

蟹工船・党生活者

小林多喜二著

新潮社版

CW01303158

目次

蟹工船・党生活者

蟹《かに》工《こう》船《せん》

一

「おい、地獄さ行《え》ぐんだで！」

二人はデッキの手すりに寄りかゝって、蝸牛《かたつむり》が背のびをしたように延びて、海を抱え込んでいる函館の街を見ていた。――漁夫は指元まで吸いつくした煙草《たばこ》を唾《つば》と一緒に捨てた。巻煙草はおどけたように、色々にひっくりかえって、高い船腹《サイド》をすれ〳〵に落ちて行った。彼は身体《からだ》一杯酒臭かった。

赤い太鼓腹を巾広く浮かばしている汽船や、積荷最中らしく海の中から片袖《かたそで》をグイと引張られてでもいるように、思いッ切り片側に傾いているのや、黄色い、太い煙突、大きな鈴のようなヴイ、南京虫《ナンキンむし》のように船と船の間をせわしく縫っているランチ、寒々とざわめいている油煙やパン屑《くず》や腐った果物の浮いている何か特別な織物のような波……。風の工合で煙が波とすれ〳〵になびいて、ムッとする石炭の匂《にお》いを送った。ウインチのガラ〳〵という音が、時々波を伝って直接《じか》に響いてきた。

この蟹工船《かにこうせん》博光丸のすぐ手前に、ペンキの剝《は》げた帆船が、へさきの牛の鼻穴のようなところから、錨《いかり》の鎖を下していた。甲板を、マドロス・パイプをくわえた外人が二人同じところを何度も機械人形のように、行ったり来たりしているのが見えた。ロシアの船らしかった。たしかに日本の「蟹工船」に対する監視船だった。

「俺《おい》らもう一文も無《ね》え。――糞《くそ》。こら。」

そう云《い》って、身体をずらして寄こした。そしてもう一人の漁夫の手を握って、自分の腰のところへ持って行った。袢天《はんてん》の下のコールテンのズボンのポケットに押しあてた。何か小さい箱らしかった。

一人は黙って、その漁夫の顔をみた。

「ヒヒヒヒ……」と笑って、「花札《はな》よ。」と云った。

ボート・デッキで、「将軍」のような恰好《かっこう》をした船長が、ブラ〳〵しながら煙草をのんでいる。はき出す煙が鼻先からすぐ急角度に折れて、ちぎれ飛んだ。底に木を打った草履をひきずッて、食物バケツをさげた船員が急がしく「おもて」の船室を出入した。――用意はすっかり出来て、もう出るにい、ばかりになっていた。

雑夫《ざつふ》のいるハッチを上から覗《のぞ》きこむと、薄暗い船底の棚に、巣から顔だけピョコ〳〵出す鳥のように、騒ぎ廻っているのが見えた。皆十四、五の少年ばかりだった。

「お前は何処《どこ》だ。」

「××町。」みんな同じだった。函館の貧民窟《ひんみんくつ》の子供ばかりだった。そういうのは、それだけで一かたまりをなしていた。

「あっちの棚は？」

「南部。」

「それは？」

「秋田。」

それ等は各〻《おのおの》棚をちがえていた。

「秋田の何処だ。」

膿《うみ》のような鼻をたらした、眼のふちがあかべをしたようにたゞれているのが、

「北秋田だんし。」と云った。

「百姓か？」

「そんだし。」

空気がムンとして、何か果物でも腐ったすッぱい臭気がしていた。漬物を何十樽《たる》も蔵《しま》ってある室《へや》が、すぐ隣りだったので、「糞」のような臭《にお》いも交っていた。

「こんだ親父《おど》抱いて寝てやるど。」――漁夫がベラ〳〵笑った。

薄暗い隅の方で、袢天を着、股引《ももひき》をはいた、風呂敷《ふろしき》を三角にかぶった女出面《でめん》らしい母親が、林檎《りんご》の皮をむいて、棚に腹ん這《ば》いになっている子供に食わしてやっていた。子供の食うのを見ながら、自分では剝《む》いだぐる〳〵の輪になった皮を食っている。何かしゃべったり、子供のそばの小さい風呂敷包みを何度も解いたり、直してやっていた。そういうのが七、八人もいた。誰も送って来てくれるもの丶いない内地から来た子供達は、時々そっちの方をぬすみ見るように、見ていた。

髪や身体がセメントの粉まみれになっている女が、キャラメルの箱から二粒位ずつ、その附近の子供達に分けてやりながら、

「うちの健吉と仲よく働いてやってけれよ、な。」と云っていた。木の根のように不恰好に大きいザラ〳〵した手だった。

子供に鼻をかんでやっているのや、手拭《てぬぐい》で顔をふいてやっているのや、ボソ〳〵何か云っているのや、あった。

「お前さんどこの子供は、身体はえ丶べものな。」

母親同志だった。

「ん、まあ。」

「俺どこのア、とても弱いんだ。どうすべかッて思うんだども、何んしろ……。」

「それア何処でも、ね。」

――二人の漁夫がハッチから甲板へ顔を出すと、ホッとした。不機嫌に、急にだまり合ったまゝ雑夫の穴より、もっと船首の、梯形《ていけい》の自分達の「巣」に帰った。錨を上げたり、下したりする度に、コンクリート・ミキサの中に投げ込まれたように、皆は跳ね上り、ぶッつかり合わなければならなかった。

薄暗い中で、漁夫は豚のようにゴロ〳〵していた。それに豚小屋そっくりの、胸がすぐゲエと来そうな臭いがしていた。

「臭せえ、臭せえ。」

「そよ、俺だちだもの。え、加減、こったら腐りかけた臭いでもすべよ。」

赤い臼《うす》のような頭をした漁夫が、一升瓶そのまゝで、酒を端のかけた茶碗《ちゃわん》に注《つ》いで、鯣《するめ》をムシャ〳〵やりながら飲んでいた。その横に仰向けにひっくり返って、林檎を食いながら、表紙のボロ〳〵した講談雑誌を見ているのがいた。

四人輪になって飲んでいたのに、まだ飲み足りなかった一人が割り込んで行った。

「……んだべよ。四ヵ月も海の上だ。もう、これんかやれねべと思って……。」

頑丈な身体をしたのが、そう云って、厚い下唇を時々癖のように嘗《な》めながら眼を細めた。

「んで、財布これさ。」

干柿《ほしがき》のようなべったりした薄い蟇口《がまぐち》を眼の高さに振ってみせた。

「あの白首《ごけ》、身体こったらに小せえくせに、とても上手《うめ》えがったどオ！」

「オイ、止《よ》せ、止せ！」

「えゝ、えゝ、やれ〳〵。」

相手はへゝゝゝと笑った。

「見れ、ほら、感心なもんだ。ん？」酔った眼を丁度向い側の棚の下にすえて、顎《あご》で、「ん！」と二人が云った。

漁夫がその女房に金を渡しているところだった。

「見れ、見れ、なア！」

小さい箱の上に、皺《しわ》くちゃになった札や銀貨を並べて、二人でそれを数えていた。男は小さい手帖《てちょう》に鉛筆をなめ、なめ何か書いていた。

「見れ。ん！」

「俺にだって嬶《かかあ》や子供はいるんだで。」白首《ごけ》のことを話した漁夫が急に怒ったように云った。

そこから少し離れた棚に、宿酔《ふつかよい》の青ぶくれにムクンだ顔をした、頭の前だけを長く

した若い漁夫が、

「俺アもう今度こそア船さ来ねえッて思ってたんだけれどもな。」と大声で云っていた。「周旋屋に引っ張り廻わされて、文無しになってよ。――又、長げえことくたばるめに合わされるんだ。」

こっちに背を見せている同じ処《とこ》から来ているらしい男が、それに何かヒソ〳〵云っていた。

ハッチの降口に始め鎌足《かまあし》を見せて、ゴロ〳〵する大きな昔風の信玄袋を担《にな》った男が、梯子《はしご》を降りてきた。床に立ってキョロ〳〵見廻わしていたが、空いているのを見付けると、棚に上って来た。

「今日は。」と云って、横の男に頭を下げた。顔が何かで染ったように、油じみて、黒かった。「仲間さ入《え》れて貰《もれ》えます。」

後で分ったことだが、この男は、船へ来るすぐ前まで夕張《ゆうばり》炭鉱に七年も坑夫をしていた。それが此《こ》の前のガス爆発で、危く死に損ねてから――前にも何度かあった事だが――フイと坑夫が恐ろしくなり、鉱山《やま》を下りてしまった。爆発のとき、彼は同じ坑内にトロッコを押して働いていた。トロッコに一杯石炭を積んで、他の人の受持場まで押して行った時だった。彼は百のマグネシウムを瞬間眼の前でたかれたと思った。

それと、そして1/500秒もちがわず、自分の身体が紙ッ片《きれ》のように何処かへ飛び上ったと思った。何台というトロッコがガスの圧力で、眼の前を空のマッチ箱よりも軽くフッ飛んで行った。それッ切り分らなかった。どの位経《た》ったか、自分のうなった声で眼が開いた。監督や工夫が爆発が他へ及ばないように、坑道に壁を作っていた。彼はその時壁の後から、助ければ助けることの出来る炭坑夫の、一度聞いたら心に縫い込まれでもするように、決して忘れることの出来ない、救いを求める声を「ハッキリ」聞いた。――彼は急に立ち上ると、気が狂ったように、

「駄目だ、駄目だ！」と皆の中に飛びこんで、叫び出した。（彼は前の時は、自分でその壁を作ったことがあった。そのときは何んでもなかったのだったが。）

「馬鹿《ばか》野郎！　こゝさ火でも移ってみろ、大損だ。」

　だが、だん〳〵声の低くなって行くのが分るではないか！　彼は何を思ったのか、手を振ったり、わめいたりして、無茶苦茶に坑道を走り出した。何度ものめったり、坑木に額を打ちつけた。全身ドロと血まみれになった。途中、トロッコの枕木につまずいて、巴投《ともえな》げにでもされたように、レールの上にたゝきつけられて、又気を失ってしまった。

　その事を聞いていた若い漁夫は、

「さあ、こ、だってそう大して変らないが……。」と云った。

彼は坑夫独特な、まばゆいような、黄色ッぽく艶《つや》のない眼差《まなざし》を漁夫の上にじっと置いて、黙っていた。

秋田、青森、岩手から来た「百姓の漁夫」のうちでは、大きく安坐《あぐら》をかいて、両手をはすがいに股《また》に差しこんで、ムシッとしているのや、膝《ひざ》を抱えこんで柱によりかゝりながら、無心に皆が酒を飲んでいるのや、勝手にしゃべり合っているのに聞き入っているのがある。――朝暗いうちから畑に出て、それで食えないで、追払われてくる者達だった。長男一人を残して――それでもまだ食えなかった――女は工場の女工に、次男も三男も何処かへ出て働かなければならない。鍋《なべ》で豆をえるように、余った人間はドシ〳〵土地からハネ飛ばされて、市に流れて出てきた。彼等はみんな「金を残して」内地《くに》に帰ることを考えている。然《しか》し働いてきて、一度陸を踏む、するとモチを踏みつけた小鳥のように、函館や小樽でバタ〳〵やる。そうすれば、まるッきり簡単に「生れた時」とちっとも変らない赤裸になって、おっぽり出された。内地《くに》へ帰れなくなる。彼等は、身寄りのない雪の北海道で「越年《おつねん》」するために、自分の身体を手鼻位の値で「売らなければならない。」――彼等はそれを何度繰りかえしても、出来の悪い子供のように、次の年には又平気で（?）同じことをやってのけた。

菓子折を背負った沖売の女や、薬屋、それに日用品を持った商人が入ってきた。真中の離島のように区切られている所に、それ〴〵の品物を広げた。皆は四方の棚の上下の寝床から身体を乗り出して、ひやかしたり、笑談を云った。

「お菓子《がし》めえか、えゝ、ねっちゃよ？」

「あッ、もッちょこい！」沖売の女が頓狂《とんきよう》な声を出して、ハネ上った。「人の尻《しり》さ手ばやったりして、いけすかない、この男！」

菓子で口をモグ〳〵させていた男が、皆の視線が自分に集ったことにテレて、ゲラ〳〵笑った。

「この女子《あねこ》、可愛《めんこ》いな。」

便所から、片側の壁に片手をつきながら、危い足取りで帰ってきた酔払いが、通りすがりに、赤黒くプクンとしている女の頬ぺたをつッついた。

「何んだね。」

「怒《おこ》んなよ。――この女子《あねこ》ば抱いて寝てやるべよ。」

そう云って、女におどけた恰好をした。皆が笑った。

「おい饅頭《まんじゆう》、饅頭！」

ずウと隅の方から誰か大声で叫んだ。

「ハアイ……」こんな処ではめずらしい女のよく通る澄んだ声で返事をした。「幾《なん》ぼですか？」

「幾《なん》ぼ？　二つもあったら不具だべよ。――お饅頭、お饅頭！」――急にワッと笑い声が起った。

「この前、竹田って男が、あの沖売の女ば無理矢理に誰もいねえどこさ引っ張り込んで行ったんだとよ。んだけ、面白いんでないか。何んぼ、どうやっても駄目だって云うんだ……」酔った若い男だった。「……猿又はいてるんだとよ。竹田がいきなりそれを力一杯にさき取ってしまったんだども、まだ下にはいてるッて云うんでねか。――三枚もはいてたとよ……。」男が頸《くび》を縮めて笑い出した。

その男は冬の間はゴム靴会社の職工だった。春になり仕事が無くなると、カムサツカへ出稼ぎに出た。どっちの仕事も「季節労働」なので、（北海道の仕事は殆《ほと》んどそれだった。）イザ夜業となると、ブッ続けに続けられた。「もう三年も生きれたら有難い。」と云っていた。粗製ゴムのような、死んだ色の膚《はだ》をしていた。

漁夫の仲間には、北海道の奥地の開墾地や鉄道敷設《ふせつ》の土工部屋へ「蛸《たこ》」に売られたことのあるものや、各地を食いつめた「渡り者」や、酒だけ飲めば何もかもなく、たゞそれでいゝものなどがいた。青森辺の善良な村長さんに選ばれてきた「何も知らない」「木の根ッこのように」正直な百姓もその中に交っている。――そして、こういうてんでんばら〳〵のもの等を集めることが、雇うものにとって、この上なく都合のいゝことだった。（函館の労働組合は蟹工船《かにこうせん》、カムサツカ行の漁夫のなかに組織者を入れることに死物狂いになっていた。青森、秋田の組合など、も連絡をとって。――それを何より恐れていた。）

糊《のり》のついた真白い、上衣《うわぎ》の丈《たけ》の短かい服を着た給仕《ボーイ》が、「とも」のサロンに、ビール、果物、洋酒のコップを持って、忙しく往《ゆ》き来《き》していた。サロンには、「会社のオッかない人、船長、監督、それにカムサツカで警備の任に当る駆逐艦の御大《おんたい》、水上警察の署長さん、海員組合の折鞄《おりかばん》」がいた。

「畜生、ガブ〳〵飲むったら、ありゃしない。」――給仕はふくれかえっていた。

漁夫の「穴」に、浜なすのような電気がついた。煙草《たばこ》の煙や人いきれで、空気が濁って、臭く、穴全体がそのまゝ「糞壺《くそつぼ》」だった。区切られた寝床にゴロ〳〵している人間が、蛆虫《うじむし》のようにうごめいて見えた。――漁業監督を先頭に、船長、工場代表、雑夫長がハッチを下りて入って来た。船長は先のハネ上っている髭《ひげ》を気にして、始終ハンカチで上唇を撫《な》でつけた。通路には、林檎やバナナの皮、グジョ〳〵した高丈《たかじょう》、鞋《わらじ》、飯粒のこびりついている薄皮などが捨てゝあった。流れの止った泥溝《どぶ》だった。監督はじろりそれを見ながら、無遠慮に唾をはいた。――どれも飲んで来たらしく、顔を赤くしていた。

「一寸《ちょっとい》云って置く。」監督が土方の棒頭《ぼうがしら》のように頑丈な身体《からだ》で、片足を寝床の仕切りの上にかけて、楊子《ようじ》で口をモグ〳〵させながら、時々歯にはさまったものを、トットッと飛ばして、口を切った。

「分ってるものもあるだろうが、云うまでもなくこの蟹工船の事業は、たゞ単にだ、一会社の儲仕事《もうけしごと》と見るべきではなくて、国際上の一大問題なのだ。我々が――我々日本帝国人民が偉いか、露助が偉いか。一騎打ちの戦いだんだ。それに若《も》し、若しもだ、そんな事は絶対にあるべき筈《はず》がないが、負けるようなことがあったら、睾丸《きんたま》をブラ下げた日本男児は腹でも切って、カムサツカの海の中にブチ落ちることだ。身体が小さくたって、野呂間《のろま》な露助に負けてたまるもんじゃない。

「それに、我カムサツカの漁業は蟹罐詰ばかりでなく、鮭《さけ》、鱒《ます》と共に、国際的に云ってだ、他の国とは比らべもならない優秀な地位を保って居《お》り、又日本国内の行き詰った人口問題、食料問題に対して、重大な使命を持っているのだ。こんな事をしゃべったって、お前等には分りもしないだろうが、ともかくだ、日本帝国の大きな使命のために、俺達は命を的に、北海の荒波をつッ切って行くのだということを知って、貰わにゃならない。だからこそ、あっちへ行っても始終我帝国の軍艦が我々を守っていてくれることになっているのだ。……それを今流行《はや》りの露助の真似《まね》をして、飛んでもないことをケシかけるものがあるとしたら、それこそ、取りも直さず日本帝国を売るものだ。こんな事は無い筈だが、よッく覚えておいて貰うことにする……。」

監督は酔ざめのくさめを何度もした。

酔払った駆逐艦の御大はバネ仕掛の人形のようなギクシャクした足取りで、待たしてあるランチに乗るために、タラップを下りて行った。水兵が上と下から、カントン袋に入れた石ころみたいな艦長を抱えて、殆んど持てあましてしまった。手を振ったり、足をふんばったり、勝手なことをわめく艦長のために、水兵は何度も真正面《まとも》から自分の顔に「唾《つば》」を吹きかけられた。

「表じゃ、何んとか、かんとか偉いこと云って、この態《ざま》なんだ。」

艦長をのせてしまって、一人がタラップのおどり場からロープを外しながら、ちらっと艦長の方を見て、低い声で云った。

「やっちまうか!?……」

二人一寸息をのんだ、が……声を合せて笑い出した。

二

祝津《しゅくつ》の燈台《とうだい》が、廻転する度にキラッ〳〵と光るのが、ずウと遠い右手に、一面灰色の海のような海霧《ガス》の中から見えた。それが他方へ廻転してゆくとき、何か神秘的に、長く、遠く白銀色の光芒《こうぼう》を何海浬《かいり》もサッと引いた。

留萌《るもい》の沖あたりから、細い、ジュク〳〵した雨が降り出してきた。漁夫や雑夫は蟹の鋏《はさみ》のようにかじかんだ手を時々はすがいに懐《ふところ》の中につッこんだり、口のあたりを両手で円るく囲んで、ハアーと息をかけたりして働かなければならなかった。――納豆の糸のような雨がしきりなしに、それと同じ色の不透明な海に降った。が、稚内《わっかない》に近くなるに従って、雨が粒々になって来、広い海の面が旗でもなびくように、うねりが出て来て、そして又それが細かく、せわしくなった。――風がマストに当ると不吉に鳴った。鋲《びょう》がゆるみでもするように、ギイ〳〵と船の何処《どこ》かゞ、しきりなしにきしんだ。宗谷《そうや》海峡に入った時は、三千噸《トン》に近いこの船が、しゃっくりにでも取りつかれたように、ギク、シャクし出した。何か素晴しい力でグイと持ち上げられる。船が一瞬間宙に浮かぶ。――が、ぐウと元の位置に沈む。エレヴエターで下りる瞬間の、小便がもれそうになる、くすぐったい不快さをその度に感じた。雑夫は黄色になえて、船酔らしく眼だけとんがらせて、ゲエ、ゲエしていた。

波のしぶきで曇った円るい舷窓《げんそう》から、ひょい〳〵と樺太《からふと》の、雪のある山並の堅い線が見えた。然しすぐそれはガラスの外へ、アルプスの氷山のようにモリ〳〵とむくれ上ってくる波に隠くされてしまう。寒々とした深い谷が出来る。それが見る〳〵近付いてくると、窓のところへドッと打《ぶ》ち当り、砕けて、ザアー……と泡立つ。そして、そのまゝ、後へ、後へ、窓をすべって、パノラマのように流れてゆく。船は時々子供がするように、身体を揺った。棚からものが落ちる音や、ギ――イと何かたわむ音や、波に横ッ腹がドブ――ンと打ち当る音がした。――その間中、機関室からは機関の音が色々な器具を伝って、直接《じか》に少しの震動を伴って、ドッ、ドッ、ドッ……と響いていた。時々波の背に乗ると、スクリュが空廻りをして、翼で水の表面をたゝきつけた。

風は益々《ますます》強くなってくるばかりだった。二本のマストは釣竿《つりざお》のようにたわんで、ビユウ〳〵泣き出した。波は丸太棒の上でも一またぎする位の無雑作で、船の片側から他の側へ暴力団のようにあばれ込んできて、流れ出て行った。その瞬間、出口がザアーと滝になった。

見る〳〵もり上った山の、恐ろしく大きな斜面に玩具《おもちゃ》の船程に、ちょこんと横にのッかることがあった。と、船はのめったように、ドッ、ドッと、その谷底へ落ちこんでゆく。今にも、沈む！　が、谷底にはすぐ別な波がむく〳〵と起《た》ち上ってきて、ドシンと船の横腹と体当りをする。

オホツック海へ出ると、海の色がハッキリもっと灰色がかって来た。着物の上からゾク〳〵と寒さが刺し込んできて、雑夫は皆唇をブシ色にして仕事をした。寒くなればなる程、塩のように乾いた、細かい雪がビュウ、ビュウ吹きつのってきた。それは硝子《ガラス》の細かいカケラのように甲板に這《は》いつくばって働いている雑夫や漁夫の顔や手に突きさゝった。波が一波甲板を洗って行った後は、すぐ凍えて、デラ〳〵に滑った。皆は、デッキからデッキへロープを張り、それに各自がおしめのようにブラ下り、作業をしなければならなかった。――監督は鮭殺しの棍棒《こんぼう》をもって、大声で怒鳴り散らした。

同時に函館を出帆した他の蟹工船は、何時《いつ》の間にか離れ〴〵になってしまっていた。それでも、思いっ切りアルプスの絶頂に乗り上ったとき、溺死《できし》者《しゃ》が両手を振っているように、揺られに揺られている二本のマストだけが遠くに見えることがあった。煙草の煙ほどの煙が、波とすれ〴〵に吹きちぎられて、飛んでいた。……波浪と叫喚のなかゝら、確かにその船が鳴らしているらしい汽笛が、間を置いてヒュウ、ヒュウと聞えた。が、次の瞬間、こっちがアブ、アブでもするように、谷底に転落して行った。

　蟹工船には川崎船を八隻《せき》のせていた。船員も漁夫もそれを何千匹の鱶《ふか》のように、白い歯をむいてくる波にもぎ取られないように、縛りつけるために、自分等の命を「安々」と賭《か》けなければならなかった。——「貴様等の一人、二人が何んだ。川崎一艘《ぱい》取られてみろ、たまったもんでないんだ。」——監督は日本語でハッキリそう云った。

　カムサツカの海は、よくも来やがった、と待ちかまえていたように見えた。ガツ、ガツに飢えている獅子《しし》のように、えどなみかゝってきた。船はまるで兎《うさぎ》より、もっと弱々しかった。空一面の吹雪は、風の工合で、白い大きな旗がなびくように見えた。夜近くなってきた。然し時化《しけ》は止《や》みそうもなかった。

　仕事が終ると、皆は「糞壺」の中へ順々に入り込んできた。手や足は大根のように冷えて、感覚なく身体についていた。皆は蚕のように、各々《おのおの》の棚の中に入ってしまうと、誰も一口も口をきくものがいなかった。ゴロリ横になって、鉄の支柱につかまった。船は、背に食いついている虻《あぶ》を追払う馬のように、身体をヤケに振っている。漁夫はあてのない視線を白ペンキが黄色に煤《すす》けた天井にやったり、殆んど海の中に入りッ切りになっている青黒い円窓にやったり……中には、呆《ほう》けたようにキョトンと口を半開きにしているものもいた。誰も、何も考えていなかった。漠然とした不安な自覚が、皆を不機嫌にだまらせていた。

顔を仰向けにして、グイとウイスキーをラッパ飲みにしている。赤黄く濁った、にぶい電燈のなかで、チラッと瓶の角が光ってみえた。——ガラ、ガラッと、ウイスキーの空瓶が二、三ヵ所に稲妻形に打ち当って、棚から通路に力一杯に投げ出された。皆は頭だけをその方に向けて、眼で瓶を追った。——隅の方で誰か怒った声を出した。時化にとぎれて、それが片言のように聞えた。

「日本を離れるんだど。」円窓を肱《ひじ》で拭《ぬぐ》っている。

「糞壺」のストーヴはブス〳〵燻《くすぶ》ってばかりいた。鮭や鱒と間違われて、「冷凍庫」へ投げ込まれたように、その中で「生きている」人間はガタ〳〵顫《ふる》えていた。ズックで覆《おお》ったハッチの上をザア、ザアと波が大股《おおまた》に乗り越して行った。それが、その度に太鼓の内部みたいな「糞壺」の鉄壁に、物凄《ものすご》い反響を起した。時々漁夫の寝ているすぐ横が、グイと男の強い肩でつかれたように、ドシンとくる。——今では、船は、断末魔の鯨が、荒狂う波濤《はとう》の間に身体をのたうっている、そのま、だった。

「飯だ！」賄《まかない》がドアーから身体の上半分をつき出して、口で両手を囲んで叫んだ。

「時化てるから汁なし。」

「何んだって？」

「腐れ塩引《しおびき》！」顔をひっこめた。

思い、思い身体を起した。飯を食うことには、皆は囚人のような執念さを持っていた。ガツ〳〵だった。

塩引の皿を安坐《あぐら》をかいた股の間に置いて、湯気をふきながら、バラ〳〵した熱い飯を頰ばると、舌の上でせわしく、あちこちへやった。「初めて」熱いものを鼻先にもってきたために、水洟《みずばな》がしきりなしに下がって、ひょいとすると飯の中に落ちそうになった。

飯を食っていると、監督が入ってきた。

「いけホイドして、ガツ〳〵まくらうな。仕事もろくに出来ない日に、飯ば鱈腹《たらふく》食われてたまるもんか。」

ジロ〳〵棚の上下を見ながら、左肩だけを前の方へ揺って出て行った。

「一体あいつにあんな事を云う権利があるのか。」――船酔と過労で、ゲッソリやせた学生上りがブツ〳〵云った。

「浅川ッたら、蟹工の浅か、浅の蟹工かッてな。」

「天皇陛下は雲の上にいるから、俺達にャどうでもいゝんだけど、浅ってなれば、どっこいそうは行かないからな。」

　別な方から、

「ケチ〳〵すんねえ、何んだ、飯の一杯、二杯！　なぐってしまえ！」唇を尖《と》んがらした声だった。

「偉い〳〵。そいつを浅の前で云えれば、なお偉い！」

　皆は仕方なく、腹を立てたまゝ、笑ってしまった。

　夜、余程過ぎてから、雨合羽《あまがっぱ》を着た監督が、漁夫の寝ているところへ入ってきた。船の動揺を棚の枠につかまって支えながら、一々漁夫の間にカンテラを差しつけて歩いた。南瓜《かぼちゃ》のようにゴロ〳〵している頭を、無遠慮にグイ〳〵と向き直して、カンテラで照らしてみていた。フンづけられたって、眼を覚ます筈がなかった。全部照し終ると、一寸立ち止まって舌打ちをした。――どうしようか、そんな風だった。が、すぐ次の賄部屋の方へ歩き出した。末広な、青ッぽいカンテラの光が揺れる度に、ゴミ〳〵した棚の一部や、脛《すね》の長い防水ゴム靴や、支柱に懸けてあるドザや袢天《はんてん》、それに行李《こうり》などの一部がチラ、チラッと光って、消えた。――足元に光が顫えながら一瞬間溜《た》まる、と今度は賄のドアーに幻燈のような円るい光の輪を写した。――次の朝になって、雑夫の一人が行衛《ゆくえ》不明になったことが知れた。

皆は前の日の「無茶な仕事」を思い、「あれじゃ、波に浚《さら》われたんだ。」と思った。イヤな気持がした。然《しか》し漁夫達が未明から追い廻わされたので、そのことではお互話すことが出来なかった。

「こったら冷《しゃ》ッこい水さ、誰が好き好んで飛び込むって！　隠れてやがるんだ。見付けたら、畜生、タ、キのめしてやるから！」

監督は棍棒を玩具にグル〳〵廻わしながら、船の中を探がして歩いた。

時化は頂上を過ぎてはいた。それでも、船が行先きにもり上った波に突き入ると、「おもて」の甲板を、波は自分の敷居でもまたぐように何んの雑作もなく、乗り越してきた。一昼夜の闘争で、満身に痛手を負ったように、船は何処か跛な音をたてゝ、進んでいた。薄い煙のような雲が、手が届きそうな上を、マストに打ち当りながら、急角度を切って吹きとんで行った。小寒い雨がまだ止《や》んでいなかった。四囲にもり〳〵と波がムクレ上ってくると、海に射込《さしこ》む雨足がハッキリ見えた。それは原始林の中に迷いこんで、雨に会うのより、もっと不気味だった。

麻のロープが鉄管でも握るように、バリ、バリに凍えている。学生上りが、すべる足元に気を配りながら、それにつかまって、デッキを渡ってゆくと、タラップの段々を一つ置きに片足で跳躍して上ってきた給仕に会った。

「チョッと」給仕が風の当らない角に引張って行った。「面白いことがあるんだよ。」と云《い》って、話してきかせた。

——今朝の二時頃だった。ボート・デッキの上まで波が躍り上って、間を置いて、バジャ〳〵、ザアッとそれが滝のように流れていた。夜の闇《やみ》の中で、波が歯をムキ出すのが、時々青白く光ってみえた。時化のために皆寝ずにいた。その時だった。

船長室に無電係が周章《あわ》てて、かけ込んできた。

「船長、大変です。S、O、Sです!」

「S・O・S?——何船だ?」

「秩父《ちちぶ》丸です。本船と並んで進んでいたんです。」

「ボロ船だ、それア!」——浅川が雨合羽を着たまゝ、隅の方の椅子《いす》に大きく股を開いて、腰をかけていた。片方の靴の先だけを、小馬鹿《こばか》にしたように、カタ〳〵動かしながら、笑った。「もっとも、どの船だって、ボロ船だがな。」

「一刻と云えないようです。」

「うん、それア大変だ。」

船長は舵機《だき》室に上るために、急いで、身仕度もせずにドアーを開けようとした。然し、まだ開けないうちだった。いきなり、浅川が船長の右肩をつかんだ。

「余計な寄道せって、誰が命令したんだ。」

誰が命令した？「船長」ではないか。――が、突嗟《とっさ》のことで、船長は棒杭《ぼうぐい》より、もっとキョトンとした。然し、すぐ彼は自分の立場を取り戻した。

「船長としてだ。」

「船長としてだア――ア!?」船長の前に立ちはだかった監督が、尻上《しりあが》りの侮辱した調子で抑えつけた。「おい、一体これア誰の船だんだ。会社が傭船《チアタア》してるんだで、金を払って。ものを云えるのア会社代表の須田さんとこの俺だ。お前なんぞ、船長と云ってりゃ大きな顔してるが、糞場《くそば》の紙位えの価値《ねうち》もねえんだど。分ってるか。――あんなものにかゝわってみろ、一週間もフイになるんだ。冗談じゃない、一日でも遅れてみろ！　それに秩父丸には勿体《もったい》ない程の保険がつけてあるんだ。ボロ船だ、沈んだら、かえって得するんだ。」

給仕は「今」恐ろしい喧嘩《けんか》が！　と思った。それが、それだけで済む筈《はず》がない。だが（！）船長は咽喉《のど》へ綿でもつめられたように、立ちすくんでいるではないか。給仕はこんな場合の船長を且《か》つて一度だって見たことがなかった。船長の云ったことが通らない？　馬鹿、そんな事が！　だが、それが起っている。――給仕にはどうしても分らなかった。

「人情味なんか柄でもなく持ち出して、国と国との大相撲がとれるか！」唇を思いッ切りゆがめて唾《つば》をはいた。

無電室では受信機が時々小さい、青白い火花《スパアクル》を出して、しきりなしになっていた。とにかく経過を見るために、皆は無電室に行った。

「ね、こんなに打っているんです。――だん〳〵早くなりますね。」

係は自分の肩越しに覗《のぞ》き込んでいる船長や監督に説明した。――皆は色々な器械のスウイッチやボタンの上を、係の指先があち、こち器用にすべるのを、それに縫いつけられたように眼で追いながら、思わず肩と顎根《あごね》に力をこめて、じいとしていた。

船の動揺の度に、腫物《はれもの》のように壁に取付けてある電燈《でんとう》が、明るくなったり暗くなったりした。横腹に思いッ切り打ち当る波の音や、絶えずならしている不吉な警笛が、風の工合で遠くなったり、すぐ頭の上に近くなったり、鉄の扉を隔て、聞えていた。

ジイ――、ジイ――イと、長く尾を引いて、スパアクルが散った。と、そこで、ピタリ音がとまってしまった。それが、その瞬間、皆の胸へドキリときた。係は周章て、スウイッチをひねったり、機械をせわしく動かしたりした。が、それッ切りだった。もう打って来ない。

係は身体《からだ》をひねって、廻転椅子をぐるりとまわした。

「沈没です……。」

頭から受信器を外しながら、そして低い声で云った。「乗組員四百二十五人。最後なり。救助される見込なし。S・O・S、S・O・S、これが二、三度続いて、それで切れてしまいました。」

それを聞くと、船長は頸《くび》とカラアの間に手をつッこんで、息苦しそうに頭をゆすって、頸をのばすようにした。無意味な視線で、落着きなく四囲を見廻わしてから、ドアーの方へ身体を向けてしまった。そして、ネクタイの結び目あたりを抑えた。――その船長は見ていられなかった。

…………

学生上りは、「ウム、そうか!」と云った。その話にひきつけられていた。――然し暗い気持がして、海に眼をそらした。海はまだ大うねりにうねり返っていた。水平線が見る間に足の下になるか、と思うと、二、三分もしないうちに、谷から狭ばめられた空を仰ぐように、下へ引きずりこまれていた。

「本当に沈没したかな。」独言《ひとりごと》が出る。気になって仕方がなかった。――同じように、ボロ船に乗っている自分達のことが頭にくる。

――蟹工船《かにこうせん》はどれもボロ船だった。労働者が北オホツックの海で死ぬことなどは、丸ビルにいる重役には、どうでもいゝ事だった。資本主義がきまりきった所だけの利潤では行き詰り、金利が下がって、金がダブついてくると、「文字通り」どんな事でもするし、どんな所へでも、死物狂いで血路を求め出してくる。そこへもってきて、船一艘でマンマと何拾万円が手に入る蟹工船、――彼等の夢中になるのは無理がない。

　蟹工船は「工船」（工場船）であって、「航船」ではない。だから航海法は適用されなかった。二十年の間も繋《つな》ぎッ放しになって、沈没させることしかどうにもならないヨロ〳〵な「梅毒患者」のような船が、恥かしげもなく、上べだけの濃化粧《こいげしよう》をほどこされて、函館へ廻ってきた。日露戦争で、「名誉にも」ビッコにされ、魚のハラワタのように放って置かれた病院船や運送船が、幽霊よりも影のうすい姿を現わした。――少し蒸気を強くすると、パイプが破れて、吹いた。露国の監視船に追われて、スピードをかけると、（そんな時は何度もあった。）船のどの部分もメリ〳〵鳴って、今にもその一つ、一つがバラ〳〵に解《ほ》ぐれそうだった。中風患者のように身体をふるわした。

　然し、それでも全くかまわない。何故《なぜ》なら、日本帝国のためどんなものでも立ち上るべき「秋《とき》」だったから。――それに、蟹工船は純然たる「工場」だった。然し工場法の適用もうけていない。それで、これ位都合のいゝ、勝手に出来るところはなかった。

利口な重役はこの仕事を「日本帝国のため」と結びつけてしまった。嘘《うそ》のような金が、そしてゴッソリ重役の懐《ふところ》に入ってくる。彼は然しそれをモット確実なものにするために、「代議士」に出馬することを、自動車をドライヴしながら考えている。——が、恐らく、それとカッキリ一分も異《ちが》わない同じ時に、秩父丸の労働者が、何千哩《マイル》も離れた北の暗い海で、割れた硝子屑《ガラスくず》のように鋭い波と風に向って、死の戦いを戦っているのだ！

……学生上りは「糞壺《くそつぼ》」の方へ、タラップを下りながら、考えていた。

「他人事《ひとごと》ではないぞ。」

「糞壺」の梯子《はしご》を下りると、すぐ突き当りに、誤字沢山で、

> 雑夫、宮口を発見せるものには、バット二つ、手拭《てぬぐい》一本を、賞与としてくれるべし。
>
> 浅川監督。

と、書いた紙が、糊代《のり》りに使った飯粒のボコ〳〵を見せて、貼《は》らさってあった。

三

霧雨が何日も上らない。それでボカされたカムサツカの沿線が、する〳〵と八ツ目鰻《うなぎ》のように延びて見えた。

沖合四浬《かいり》のところに、博光丸が錨《いかり》を下した。――三浬までロシアの領海なので、それ以内に入ることは出来ない「ことになっていた。」

網さばきが終って、何時《いつ》からでも蟹漁が出来るように準備が出来た。カムサツカの夜明けは二時頃なので、漁夫達はすっかり身仕度をし、股《もも》までのゴム靴をはいたまゝ、折箱の中に入って、ゴロ寝をした。

周旋屋にだまされて、連れて来られた東京の学生上りは、こんな筈がなかった、とブツ〳〵云っていた。

「独り寝だなんて、ウマイ事云いやがって！」

「ちげえねえ、独り寝さ。ゴロ寝だもの。」

学生は十七、八人来ていた。六十円を前借りすることに決めて、汽車賃、宿料、毛布、布団《ふとん》、それに周旋料を取られて、結局船へ来たときには、一人七、八円の借金（！）になっていた。それが始めて分ったとき、貨幣《かね》だと思って握っていたのが、枯葉であったより、もっと彼等はキョトンとしてしまった。——始め、彼等は青鬼、赤鬼の中に取り巻かれた亡者《もうじゃ》のように、漁夫の中に一かたまりに固《かたま》っていた。

函館を出帆してから、四日目ころから、毎日のボロ〳〵な飯と何時も同じ汁のために、学生は皆身体の工合を悪くしてしまった。寝床に入ってから、膝《ひざ》を立て、、お互に脛《すね》を指で押していた。何度も繰りかえして、その度に引っこんだとか、引っこまないとか、彼等の気持は瞬間明るくなったり、暗くなったりした。脛をなで、みると、弱い電気に触れるように、しびれるのが二、三人出てきた。棚の端から両足をブラ下げて、膝頭を手刀で打って、足が飛び上るか、どうかを試した。それに悪いことには、「通じ」が四日も五日も無くなっていた。学生の一人が医者に通じ薬を貰《もら》いに行った。帰ってきた学生は、興奮から青い顔をしていた。——「そんなぜいたくな薬なんて無いとよ。」

「んだべ。船医なんてんなものよ。」側《そば》で聞いていた古い漁夫が云った。

「何処《どこ》の医者も同じだよ。俺のいたところの会社の医者もんだった。」——坑山の漁夫だった。

皆がゴロ〳〵横になっていたとき、監督が入ってきた。

「皆、寝たか――一寸《ちよつと》聞け。秩父丸が沈没したっていう無電が入ったんだ。生死の詳しいことは分らないそうだ。」唇をゆがめて、唾をチェッとはいた。癖だった。

学生は給仕からきいたことが、すぐ頭にきた。自分が現に手をかけて殺した四、五百人の労働者の生命のことを、平気な顔で云う、海にタ、キ込んでやっても足りない奴《やつ》だ、と思った。皆はムク〳〵と頭をあげた。急に、ザワ〳〵お互に話し出した。浅川はそれだけ云うと、左肩だけを前の方に振って、出て行った。

行衛《ゆくえ》の分らなかった雑夫が、二日前にボイラーの側から出てきた所をつかまった。二日隠れていたけれども、腹が減って、腹が減って、どうにも出来ず、出て来たのだった。捕《つか》んだのは中年過ぎの漁夫だった。若い漁夫がその漁夫をなぐりつけると云って、怒った。

「うるさい奴だ。煙草《たばこ》のみでもないのに、煙草の味が分るか。」バットを二個手に入れた漁夫はうまそうに飲んでいた。

雑夫は監督にシャツ一枚にされると、二つあるうちの一つの方の便所に押し込まれて、表から錠を下ろされた。初め、皆は便所へ行くのを嫌った。隣りで泣きわめく声が、とても聞いていられなかった。二日目にはその声がかすれて、ヒエ、ヒエしていた。そして、そのわめきが間を置くようになった。その日の終り頃に、仕事を終った漁夫が、気掛りで直《す》ぐ便所のところへ行ったが、もうドアーを内側から叩《たた》きつける音もしていなかった。こっちから合図をしても、それが返って来なかった。——その遅く、睾隠《きんかく》しに片手をもたれかけて、便所紙の箱に頭を入れ、うつぶせに倒れていた宮口が、出されてきた。唇の色が青インキをつけたように、ハッキリ死んでいた。

朝は寒かった。明るくなってはいたが、まだ三時だった。かじかんだ手を懐につッこみながら、背を円るくして起き上ってきた。監督は雑夫や漁夫、水夫、火夫の室まで見廻って歩いて、風邪をひいているものも、病気のものも、かまわず引きずり出した。

風は無かったが、甲板で仕事をしていると、手と足の先きが擂粉木《すりこぎ》のように感覚が無くなった。雑夫長が大声で悪態をつきながら、十四、五人の雑夫を工場に追いこんでいた。彼の持っている竹の先には皮がついていた。それは工場で怠けているものを機械の枠越しに、向う側でもなぐりつけることが出来るように、造られていた。

「昨夜《ゆうべ》出されたきりで、ものも云《い》えない宮口を今朝からどうしても働かさなけアならないって、さっき足で蹴《け》ってるんだよ。」

学生上りになじんでいる弱々しい身体の雑夫が、雑夫長の顔を見い、見いそのことを知らせた。「どうしても動かないんで、とう〳〵あきらめたらしいんだけど。」
其処《そこ》へ、監督が身体をワク〳〵ふるわせている雑夫を後からグイ、グイ突きながら、押して来た。——寒い雨に濡《ぬ》れながら仕事をさせられたゝめに、その雑夫は風邪をひき、それから肋膜《ろくまく》を悪くしていた。寒くないときでも、始終身体をふるわしていた。子供らしくない皺《しわ》を眉《まゆ》の間に刻んで、血の気のない薄い唇を妙にゆがめて、疳《かん》のピリ〳〵しているような眼差《まなざ》しをしていた。彼が寒さに堪えられなくなって、ボイラーの室《へや》にウロ〳〵していたところを、見付けられたのだった。

出漁のために、川崎船をウインチから降していた漁夫達は、その二人を何も云えず、見送っていた。四十位の漁夫は、見ていられないという風に、顔をそむけると、イヤ〳〵をするように頭をゆるく二、三度振った。

「風邪をひいてもらったり、不貞寝《ふてね》をされてもらったりするために、高い金払って連れて来たんじゃないんだぜ。——馬鹿《ばか》野郎、余計なものを見なくたっていゝ！」

監督が甲板を棍棒《こんぼう》で叩いた。

「監獄だって、これより悪かったら、お目にかゝらないで！」

「こんなこと内地《くに》さ帰って、なんぼ話したって本当にしねんだ。」

「んさ。——こったら事って第一あるか。」

ステイムでウインチがガラ〳〵廻わり出した。川崎船は身体を空にゆすりながら、一斉に降り始めた。水夫や火夫も狩り立てられて、甲板のすべる足元に気を配りながら、走り廻っていた。それ等のなかを、監督は鶏冠《とさか》を立てた牡鶏《おんどり》のように見廻った。

仕事の切れ目が出来たので、学生上りが一寸の間風を避けて、荷物のかげに腰を下していると、炭山《やま》から来た漁夫が口のまわりに両手を円く囲んで、ハア、ハア息をかけながら、ひょいと角を曲ってきた。

「生命的《えのじまど》だな！」それが――心からフイと出た実感が思わず学生の胸を衝《つ》いた。「やっぱし炭山《やま》と変らないで。死ぬ思いばしないと、生《え》きられないなんてな。――瓦斯《ガス》も恐《お》ッかねど、波もおっかねしな。」

昼過ぎから、空の模様がどこか変ってきた。薄い海霧《ガス》が一面に――然《しか》しそうでないと云われゝば、そうとも思われる程、淡くかゝった。波は風呂敷《ふろしき》でもつまみ上げたように、無数に三角形に騒ぎ立った。風が急にマストを鳴らして吹いて行った。荷物にかけてあるズックの覆《おお》いの裾《すそ》がバタ〳〵とデッキをたゝいた。

「兎《うさぎ》が飛ぶどオ――兎が！」誰かが大声で叫んで、右舷《うげん》のデッキを走って行った。その声が強い風にすぐちぎり取られて、意味のない叫び声のように聞えた。

もう海一面、三角波の頂きが白いしぶきを飛ばして、無数の兎が恰《あたか》も大平原を飛び上っているようだった。――それがカムサツカの「突風」の前ブレだった。にわかに底潮の流れが早くなってくる。船が横に身体《からだ》をずらし始めた。今まで右舷に見えていたカムサツカが、分らないうちに左舷になっていた。――船に居残って仕事をしていた漁夫や水夫は急に周章《あわ》て出した。

すぐ頭の上で、警笛が鳴り出した。皆は立ち止ったまゝ、空を仰いだ。すぐ下にいるせいか、斜め後に突き出ている、思わない程太い、湯桶《ゆおけ》のような煙突が、ユキ〱と揺れていた。その煙突の腹の独乙《ドイツ》帽のようなホイッスルから鳴る警笛が、荒れ狂っている暴風の中で、何か悲壮に聞えた。――遠く本船をはなれて、漁に出ている川崎船が絶え間なく鳴らされているこの警笛を頼りに、時化《しけ》をおかして帰って来るのだった。

薄暗い機関室への降り口で、漁夫と水夫が固り合って騒いでいた。斜め上から、船の動揺の度に、チラ〱薄い光の束が洩《も》れていた。興奮した漁夫の色々な顔が、瞬間々々、浮き出て、消えた。

「どうした？」坑夫がその中に入り込んだ。

「浅川の野郎ば、なぐり殺すんだ！」殺気だっていた。

監督は実は今朝早く、本船から十哩ほど離れたところに碇《とま》っていた××丸から「突風」の警戒報を受取っていた。それには若し川崎船が出ていたら、至急呼戻すようにさえ附け加えていた。その時、「こんな事に一々ビク、ビクしていたら、このカムサツカまでワザ、ワザ来て仕事なんか出来るかい。」――そう浅川の云ったことが、無線係から洩れた。

それを聞いた最初の漁夫は、無電係が浅川でゞもあるように、怒鳴りつけた。「人間の命を何んだって思ってやがるんだ!」

「人間の命?」

「そうよ。」

「所が、浅川はお前達をどだい人間だなんて思っていないよ。」

何か云おうとした漁夫は吃《ども》ってしまった。彼は真赤になった。そして皆のところへかけ込んできたのだった。

皆は暗い顔に、然し争われず底からジリ、ジリ来る興奮をうかべて、立ちつくしていた。父親が川崎船で出ている雑夫が、漁夫達の集っている輪の外をオド〳〵していた。ステイが絶え間なしに鳴っていた。頭の上で鳴るそれを聞いていると、漁夫の心はギリ、ギリと切り苛《さ》いなまれた。

夕方近く、ブリッジから大きな叫声が起った。下にいた者達はタラップの段を二つ置き位にかけ上った。――川崎船が二隻《せき》近づいてきたのだった。二隻はお互にロープを渡して結び合っていた。

それは間近に来ていた。然し大きな波は、川崎船と本船を、ガタンコの両端にのせたように、交互に激しく揺り上げたり、揺り下げたりした。次ぎ、次ぎと、二つの間に波の大きなうねりがもり上って、ローリングした。眼の前にいて、仲々近付かない。――歯がゆかった。甲板からはロープが投げられた。が、とゞかなかった。それは無駄なしぶきを散らして、海へ落ちた。そしてロープは海蛇のように、たぐり寄せられた。それが何度もくり返された。こっちからは皆声をそろえて呼んだ。が、それには答えなかった。漁夫達の顔の表情はマスクのように化石して、動かない。眼も何かを見た瞬間、そのまゝに硬《こ》わばったように動かない。――その情景は、漁夫達の胸を、眼《ま》のあたり見ていられない凄《すご》さで、えぐり刻んだ。

又ロープが投げられた。始めゼンマイ形に――それから鰻のようにロープの先きがのびたかと思うと――その端が、それを捕えようと両手をあげている漁夫の首根を、横なぐりにたゝきつけた。皆は「アッ!」と叫んだ。漁夫はいきなり、そのまゝの恰《かっ》好《こう》で横倒しにされた。が、つかんだ!――ロープはギリ〳〵としまると、水のしたゝりをしぼり落して、一直線に張った。こっちで見ていた漁夫達は、思わず肩から力を抜いた。

シテイは絶え間なく、風の工合で、高くなったり、遠くなったり鳴っていた。夕方になる迄《まで》に二艘《そう》を残して、それでも全部帰ってくることが出来た。どの漁夫も本船のデッキを踏むと、それっきり気を失いかけた。一艘は水船になってしまったゝめに、錨《いかり》を投げ込んで、漁夫が別の川崎に移って、帰ってきた。他の一艘は漁夫共に全然行衛不明だった。

監督はブリ〳〵していた。何度も漁夫の室へ降りて来て、又上って行った。皆は焼き殺すような憎悪《ぞうお》に満ちた視線で、だまって、その度に見送った。

翌日、川崎の捜索かた〴〵、蟹《かに》の後を追って、本船が移動することになった。「人間の五、六匹何んでもないけれども、川崎がいたまし」かったからだった。

朝早くから、機関部が急がしかった。錨を上げる震動が、錨室と背中合せになっている漁夫を煎豆《いりまめ》のようにハネ飛ばした。サイドの鉄板がボロ〳〵になって、その度にこぼれ落ちた。――博光丸は北緯五十一度五分の所まで、錨をなげてきた第一号川崎船を捜索した。結氷の砕片《かけら》が生きものゝように、ゆるい波のうねりの間々に、ひょい〳〵身体を見せて流れていた。が、所々その砕けた氷が見る限りの大きな集団をなして、あぶくを出しながら、船を見る〱うちに真中に取囲んでしまう、そんなことがあった。氷は湯気のような水蒸気をたてゝいた。と、扇風機にでも吹かれるように「寒気」が襲ってきた。船のあらゆる部分が急にカリッ、カリッと鳴り出すと、水に濡れていた甲板や手すりに、氷が張ってしまった。船腹は白粉《おしろい》でもふりかけたように、霜の結晶でキラ〱に光った。水夫や漁夫は両頬を抑えながら、甲板を走った。船は後に長く、曠野《こうや》の一本道のような跡をのこして、つき進んだ。

川崎船は仲々見つからない。

九時近い頃になって、ブリッジから、前方に川崎船が一艘浮かんでいるのを発見した。それが分ると、監督は「畜生、やっと分りやがったど。畜生！」デッキを走って歩いて、喜んだ。すぐ発動機が降された。が、それは探がしていた第一号ではなかった。それよりは、もっと新しい第36号と番号の打たれてあるものだった。明らかに×××丸のものらしい鉄の浮標《ヴイ》がつけられていた。それで見ると、×××丸が何処かへ移動する時に、元の位置を知るためにそうして置いて行ったものだった。

浅川は川崎船の胴体を指先きで、トン〱たゝいていた。「引いて行くんだ。」

「これアどうしてバンとしたもんだ。」ニヤッと笑った。

そして第36号川崎船はウインチで、博光丸のブリッジに引きあげられた。川崎は身体を空でゆすりながら、雫《しずく》をバジャ〳〵甲板に落した。「一働《ひと》きをしてきた」そんな大様な態度で、釣り上がって行く川崎を見ながら、監督が、

「大したもんだ。大したもんだ！」と、独言した。

網さばきをやりながら、漁夫がそれを見ていた。「何んだ泥棒猫！　チエンでも切れて、野郎の頭さたゝき落ちればえんだ。」

監督は仕事をしている彼等の一人々々を、そこから何かえぐり出すような眼付きで、見下しながら、側《そば》を通って行った。そして大工をせっかちなドラ声で呼んだ。

すると、別な方のハッチの口から、大工が顔を出した。

「何んです。」

見当外れをした監督は、振り返ると、怒りッぽく、「何んです？——馬鹿。番号をけずるんだ。カンナ、カンナ。」

大工は分らない顔をした。

「あんぽんたん、来い！」

肩巾の広い監督のあとから、鋸《のこぎり》の柄を腰にさして、カンナを持った小柄な大工が、びっこでも引いているような危い足取りで、甲板を渡って行った。——川崎船の第36号の「3」がカンナでけずり落されて、「第六号川崎船」になってしまった。

「これでよし。これでよし。うッはア、様見《ざま》やがれ！」監督は、口を三角形にゆがめると、背のびでもするように哄笑《こうしょう》した。

　これ以上北航しても、川崎船を発見する当《あて》がなかった。第三十六号川崎船の引上げで、足ぶみをしていた船は、元の位置に戻るために、ゆるく、大きくカーヴをし始めた。空は晴れ上って、洗われた後のように澄んでいた。カムサツカの連峰が絵葉書で見るスイッツルの山々のように、くっきりと輝いていた。

　行衛《ゆくえ》不明になった川崎船は帰らない。漁夫達は、そこだけが水溜《みずたま》りのようにボッンと空いた棚から、残して行った彼等の荷物や、家族のいる住所をしらべたり、それ〴〵万一の時に直《す》ぐ処置が出来るように取り纏《まと》めた。――気持のいゝことではなかった。それをしていると、漁夫達は、まるで自分の痛い何処《どこ》かを、覗《のぞ》きこまれているようなつらさを感じた。中積船が来たら托送《たくそう》しようと、同じ苗字《みょうじ》の女名前がその宛先《あてさき》になっている小包や手紙が、彼等の荷物の中から出てきた。そのうちの一人の荷物の中から、片仮名と平仮名の交った、鉛筆をなめり、なめり書いた手紙が出た。それが無骨な漁夫の手から、手へ渡されて行った。彼等は豆粒でも拾うように、ボツリ、ボツリ、然しむさぼるように、それを読んでしまうと、嫌なものを見てしまったという風に頭をふって、次ぎに渡してやった。――子供からの手紙だった。

ぐずりと鼻をならして、手紙から顔を上げると、カス〳〵した低い声で、「浅川のためだ。死んだと分ったら、弔い合戦をやるんだ。」と云《い》った。その男は、図体の大きい、北海道の奥地で色々なことをやってきたという男だった。もっと低い声で、

「奴《やつ》、一人位タヽキ落せるべよ。」若い、肩のもり上った漁夫が云った。

「あ、この手紙いけねえ。すっかり思い出してしまった。」

「なア。」最初のが云った。「うっかりしていれば、俺達だって奴にやられるんだで。他人《ひと》ごとでねえんだど。」

隅の方で、立膝《たてひざ》をして、拇指《おやゆび》の爪《つめ》をかみながら、上眼をつかって、皆の云うのを聞いていた男が、その時、うん、うんと頭をふって、うなずいた。「万事、俺にまかせれ、その時ア！　あの野郎一人グイとやってしまうから。」

皆はだまった。――だまったまゝ、然し、ホッとした。

博光丸が元の位置に帰ってから、三日して突然（！）その行衛不明になった川崎船が、しかも元気よく帰ってきた。

彼等は船長室から「糞壺《くそつぼ》」に帰ってくると、忽《たちま》ち皆に、渦巻のように取巻かれてし

まった。

――彼等は「大暴風雨」のために、一たまりもなく操縦の自由をなくしてしまった。そうなればもう襟首《えりくび》をつかまれた子供より他愛なかった。一番遠くに出ていたし、それに風の工合も丁度反対の方向だった。皆は死ぬことを覚悟した。漁夫は何時《いつ》でも「安々と」死ぬ覚悟をすることに「慣らされて」いた。

が（！）こんなことは滅多にあるものではない。次の朝、川崎船は半分水船になったまゝ、カムサツカの岸に打ち上げられていた。そして皆は近所のロシア人に救われたのだった。

そのロシア人の家族は四人暮しだった。女がいたり、子供がいたりする「家」というものに渇《かつ》していた彼等にとって、其処《そこ》は何とも云えなく魅力だった。それに親切な人達ばかりで、色々と進んで世話をしてくれた。然《しか》し、初め皆はやっぱり、分らない言葉を云ったり、髪の毛や眼の色の異《ちが》う外国人であるということが無気味だった。

何アんだ、俺達と同じ人間ではないか、ということが、然し直ぐ分らさった。

難破のことが知れると、村の人達が沢山集ってきた。そこは日本の漁場などがある所とは、余程離れていた。

彼等は其処に二日いて、身体を直し、そして帰ってきたのだった。「帰ってきたくはなかった。」誰が、こんな地獄に帰りたいって！　が、彼等の話は、それだけで終ってはいない。「面白いこと」が、その外にかくされていた。

丁度帰る日だった。彼等がストオヴの周りで、身仕度をしながら話をしていると、ロシア人が四、五人入ってきた。――中に支那《しな》人が一人交っていた。――顔が巨《おおき》くて、赤い、短い鬚《ひげ》の多い、少し猫背の男が、いきなり何か大声で手振りをして話し出した。船頭は、自分達がロシア語は分らないのだという事を知らせるために、眼の前で手を振って見せた。ロシア人が一句切り云うと、その口元を見ていた支那人は日本語をしゃべり出した。それは聞いている方の頭が、かえってごぢゃ〳〵になってしまうような、順序の狂った日本語だった。言葉と言葉が酔払いのように、散り〳〵によろめいていた。

「貴方々《あなたがた》、金キット持っていない。」

「そうだ。」

「貴方々、貧乏人。」

「そうだ。」

「だから、貴方々、プロレタリア。――分る？」

「うん。」

ロシア人が笑いながら、その辺を歩き出した。時々立ち止って、彼等の方を見た。

「金持、貴方々をこれする。（首を締める恰好をする。）金持だん〳〵大きくなる。（腹のふくれる真似《まね》。）貴方々どうしても駄目、貧乏人になる。——分る？——日本の国、駄目。働く人、これ（顔をしかめて、病人のような恰好。）働かない人、これ。えへん、えへん。（偉張《いば》って歩いてみせる。）」

それ等が若い漁夫には面白かった。「そうだ、そうだ！」と云って、笑い出した。

「働く人、これ。働かない人、これ。（前のを繰り返して。）そんなの駄目。——働く人、これ。（今度は逆に、胸を張って偉張ってみせる。）働かない人、これ。（年取った乞食《こじき》のような恰好。）これ良ろし。——分る？　ロシアの国、この国。働く人ばかり。働く人ばかり、これ。（偉張る。）ロシア、働かない人いない。ずるい人いない。人の首しめる人いない。——分る？　ロシアちっとも恐ろしくない国。みんな、みんなウソばかり云って歩く。」

彼等は漠然と、これが「恐ろしい」「赤化」というものではないだろうか、と考えた。が、それが「赤化」なら、馬鹿《ばか》に「当り前」のことであるような気が一方していた。然し何よりグイ、グイと引きつけられて行った。

「分る、本当、分る！」

ロシア人同志が二、三人ガヤ〳〵何かしゃべり出した。支那人はそれ等をきいていた。それから又吃《ども》りのように、日本の言葉を一つ、一つ拾いながら、話した。

「働かないで、お金儲《もう》ける人いる。プロレタリア、いつでも、これ。（首をしめられる恰好。）――これ、駄目！　プロレタリア、貴方々、一人、二人、三人……百人、千人、五万人、十万人、みんな、みんな、これ（子供のお手々つないで、の真似をしてみせる。）強くなる。大丈夫。（腕をた、いて。）負けない、誰にも。分る？」

「ん、ん！」

「働かない人、にげる。（一散に逃げる恰好。）大丈夫、本当。働く人、プロレタリア、偉張る。（堂々と歩いてみせる。）プロレタリア、一番偉い。――プロレタリア居ない。みんな、パン無い。みんな死ぬ。――分る？」

「ん、ん！」

「日本、まだ、まだ駄目。働く人、これ。（腰をかゞめて、縮こまってみせる。）働かない人、これ。（偉張って、相手をなぐり倒す恰好。）それ、みんな駄目！――働く人、これ。（形相凄く立ち上る、突ッか、って行く恰好。相手をなぐり倒し、フンづける真似。）働かない人、これ。（逃げる恰好。）――日本、働く人ばかり、い、国。――プロレタリアの国！――分る？」

「ん、ん、分る！」

ロシア人が奇声をあげて、ダンスの時のような足ぶみをした。

「日本、働く人、やる。（立ち上って、刃向う恰好。）うれしい。ロシア、みんな嬉《うれ》しい。バンザイ。——貴方々、船へかえる。貴方々の船、働かない人、これ。（偉張る。）貴方々、プロレタリア、これ、やる！（拳闘《けんとう》のような真似——それからお手々つないでをやり、又突ッかゝって行く恰好。）——大丈夫、勝つ！——分る？」

「分る！」知らないうちに興奮していた若い漁夫が、いきなり支那人の手を握った。

「やるよ。キットやるよ！」

船頭は、これが「赤化」だと思っていた。馬鹿に恐ろしいことをやらせるものだ。これで——この手で、露西亜《ロシア》が日本をマンマと騙《だま》すんだ、と思った。

ロシア人達は終ると、何か叫声をあげて、彼等の手を力一杯握った。抱きついて、硬い毛の頬をすりつけたりした。面喰った日本人は、首を後に硬直さして、どうしていゝか分らなかった……。

皆は「糞壺」の入口に時々眼をやり、その話をもっと〳〵うながした。彼等は、それから見てきたロシア人のことを色々話した。そのどれもが、吸取紙に吸われるように、皆の心に入りこんだ。

「おい、もう止《よ》せよ。」

船頭は、皆が変にムキにその話に引き入れられているのを見て、一生懸命しゃべっている若い漁夫の肩を突ッついた。

四

靄《もや》が下りていた。何時も厳しく機械的に組合わさっている通風パイプ、煙筒《チエムニー》、ウインチの腕、吊《つ》り下がっている川崎船、デッキの手すり、などが、薄ぼんやり輪廓《りんかく》をぼかして、今迄《まで》にない親しみをもって見えていた。柔かい、生ぬるい空気が、頰を撫《な》でゝ流れる。——こんな夜はめずらしかった。

トモのハッチに近く、蟹《かに》の脳味噌《のうみそ》の匂《にお》いがムッとくる、網が山のように積《つま》さっている間に、高さの跛な二つの影が佇《たたず》んでいた。

過労から心臓を悪くして、身体《からだ》が青黄く、ムクンでいる漁夫が、ドキッ、ドキッとくる心臓の音でどうしても寝れず、甲板に上ってきた。手すりにもたれて、フ糊でも溶かしたようにトロッとしている海を、ぼんやり見ていた。この身体では監督に殺される、然し、それにしては、この遠いカムサツカで、しかも陸も踏めずに死ぬのは淋《さび》し過ぎる。――すぐ考え込まさった。その時、網と網の間に、誰かいるのに漁夫が気付いた。

蟹の甲殻の片《かけら》を時々ふむらしく、その音がした。

ひそめた声が聞えてきた。

漁夫の眼が慣れてくると、それが分ってきた。十四、五の雑夫に漁夫が何か云っているのだった。何を話しているのかは分らなかった。後向きになっている雑夫は、時々イヤ、イヤをしている子供のように、すねているように、向きをかえていた。それにつれて、漁夫もその通り向きをかえた。それが少しの間続いた。漁夫は思わず（そんな風だった。）高い声を出した。が、すぐ低く、早口に何か云った。と、いきなり雑夫を抱きすくめてしまった。喧嘩《けんか》だナ、と思った。着物で口を抑えられた「むふ、むふ……」という息声だけが、一寸《ちよつと》の間聞えていた。然し、そのまゝ動かなくなった。――その瞬間だった。柔かい靄の中に、雑夫の二本の足がローソクのように浮かんだ。下半分が、すっかり裸になってしまっている。それから雑夫はそのまゝ蹲《しやが》んだ。と、その上に、漁夫が蟇《がま》のように覆《おお》いかぶさった。それだけが「眼の前」で、短かい――グッと咽喉《のど》につかえる瞬間に行われた。見ていた漁夫は、思わず眼をそらした。酔わされたような、撲《な》ぐられたような興奮をワク〳〵と感じた。

漁夫達はだん／＼内からむくれ上ってくる性慾《せいよく》に悩まされ出してきていた。四ヵ月も、五ヵ月も不自然に、この頑丈な男達が「女」から離されていた。――函館で買った女の話や、露骨な女の陰部の話が、夜になると、きまって出た。一枚の春画がボサ／＼に紙に毛が立つほど、何度も、何度もグル／＼廻わされた。

……………………

床《とこ》とれの、
こちら向けえの、
口すえの、
足をからめの、
気をやれの、
ホンに、つとめはつらいもの。

誰か歌った。すると、一度で、その歌が海綿にでも吸われるように、皆に覚えられてしまった。何かすると、すぐそれを歌い出した。そして歌ってしまってから、「えッ、畜生！」と、ヤケに叫んだ。眼だけ光らせて。

漁夫達は寝てしまってから、

「畜生、困った！ どうしたって眠《ね》れないや。」と、身体をゴロ〳〵させた。「駄目だ、伜が立って！」

「どうしたら、え、んだ！」――終《しま》いに、そう云って、勃起《ぼっき》している睾丸《きんたま》を握りながら、裸で起き上ってきた。大きな身体の漁夫の、そうするのを見ると、身体のしまる、何か凄惨《せいさん》な気さえした。度胆《どぎも》を抜かれた学生は、眼だけで隅の方から、それを見ていた。

夢精をするのが何人もいた。誰もいない時、たまらなくなって自瀆をするものもいた。――棚の隅に、カタのついた汚れた猿又や褌《ふんどし》が、しめっぽく、すえた臭《にお》いをして円められていた。学生はそれを野糞のように踏みつけることがあった。

――それから、雑夫の方へ「夜這《よば》い」が始まった。バットをキャラメルに換えて、ポケットに二つ三つ入れると、ハッチを出て行った。

便所臭い、漬物樽《つけものだる》の積まさっている物置きを、コックが開けると、薄暗い、ムッとする中から、いきなり横ッ面《つら》でもなぐられるように、怒鳴られた。

「閉めろッ！ 今、入ってくると、この野郎、タ、キ殺すぞ！」

＊　＊　＊

無電係が、他船の交換している無電を聞いて、その収獲を一々監督に知らせた。それで見ると、本船がどうしても負けているらしい事が分ってきた。監督がアセリ出した。すると、テキ面にそのことが何倍かの強さになって、漁夫や雑夫に打《ぶ》ち当ってきた。——何時《いつ》でも、そして、何んでもドン詰りの引受所が「彼等」だけだった。監督や雑夫長はわざと「船員」と「漁夫、雑夫」との間に、仕事の上で競争させるように仕組んだ。

同じ蟹つぶしをしていながら、「船員に負けた」となると、(自分の儲けになる仕事でもないのに、)漁夫や雑夫は「何に糞《くそ》ッ！」という気になる。監督は「手を打って」喜んだ。今日勝った、今日負けた、今度こそ負けるもんか——血の滲《にじ》むような日が滅《め》茶苦《ちゃく》茶《ちゃ》に続く。同じ日のうちに、今迄より五、六割も殖《ふ》えていた。然し五日、六日になると、両方とも気抜けしたように、仕事の高がズシ、ズシ減って行った。仕事をしながら、時々ガクリと頭を前に落した。監督はものも云《い》わないで、なぐりつけた。不意を喰らって、彼等は自分でも思いがけない悲鳴を「キャッ！」とあげた。——皆は敵同志か、言葉を忘れてしまった人のように、お互にだまりこくって働いた。ものを云うだけのぜいたくな「余分」さえ残っていなかった。

監督は然し、今度は、勝った組に「賞品」を出すことを始めた。燻《くすぶ》りかえっていた木が、又燃え出した。

「他愛のないものさ。」監督は、船長室で、船長を相手にビールを飲んでいた。船長は肥えた女のように、手の甲にえくぼが出ていた。器用に金口《きんぐち》をトン〳〵とテーブルにたゝいて、分らない笑顔で答えた。——船長は、監督が何時でも自分の眼の前で、マヤ〳〵邪魔をしているようで、たまらなく不快だった。漁夫達がワッと事を起して、此奴《こいつ》をカムサツカの海へたゝき落すようなことでもないかな、そんな事を考えていた。

監督は「賞品」の外に、逆に、一番働きの少ないものに「焼き」を入れることを貼《はり》紙《がみ》した。鉄棒を真赤に焼いて、身体にそのまゝ当てることだった。彼等は何処《どこ》迄逃げても離れない、まるで自分自身の影のような「焼き」に始終追いかけられて、仕事をした。仕事が尻上《しりあが》りに、目盛りをあげて行った。

人間の身体には、どの位の限度があるか、然しそれは当の本人よりも監督の方が、よく知っていた。——仕事が終って、丸太棒のように棚の中に横倒れに倒れると、「期せずして」う、う——、うめいた。

学生の一人は、小さい時に祖母に連れられて、お寺の薄暗いお堂の中で見たことのある「地獄」の絵が、そのまゝこうであることを思い出した。それは、小さい時の彼には、丁度うわばみのような動物が、沼地ににょろ、にょろと這っているのを思わせた。それとそっくり同じだった。――過労がかえって皆を眠らせない。夜中過ぎて、突然、硝子《ガラス》の表に思いッ切り疵《きず》をつけるような無気味な歯ぎしりが起ったり、寝言や、うなされているらしい突調子な叫声が、薄暗い「糞壺《くそつぼ》」の所々から起った。

彼等は寝れずにいるとき、フト、「よく、まだ生きているな……。」と自分で自分の生身の身体にさ、やきかえすことがある。よく、まだ生きている――そう自分の身体に！

学生上りは一番「こたえて」いた。

「ドストイェフスキーの死人の家な、こ、から見れば、あれだって大したことでないって気がする。」――その学生は、糞が何日もつまって、頭を手拭《てぬぐい》で力一杯に締めないと、眠れなかった。

「それアそうだろう。」相手は函館から持ってきたウイスキーを、薬でも飲むように、舌の先きで少しずつ嘗《な》めていた。「何んしろ大事業だからな。人跡未到の地の富源を開発するッてんだから、大変だよ。――この蟹工船だって、今はこれで良くなったそうだよ。天候や潮流の変化の観測が出来なかったり、地理が実際にマスターされていなかったりした創業当時は、幾ら船が沈没したりしたか分らなかったそうだ。露国の船には沈められる、捕虜になる、殺される、それでも屈しないで、立ち上り、立ち上り苦闘して来たからこそ、この大富源が俺達のものになったのさ。……まア仕方がないさ。」

「…………」

――歴史が何時でも書いているように、それはそうかも知れない気がする。然《しか》し、彼の心の底にわだかまっているムッとした気持が、それでちっとも晴れなく思われた。彼は黙ってベニヤ板のように固くなっている自分の腹を撫でた。弱い電気に触れるように、拇指《おやゆび》のあたりが、チャラ〳〵としびれる。イヤな気持がした。拇指を眼の高さにかざして、片手でさすってみた。――皆は、夕飯が終って、「糞壺」の真中に一つ取りつけてある、割目が地図のように入っているガタ〳〵のストーヴに寄っていた。お互の身体が少し温ってくると、湯気が立った。蟹の生ッ臭い匂いがムレて、ムッと鼻に来た。

「何んだか、理窟《りくつ》は分らねども、殺されたくねえで。」

「んだよ！」

憂々した気持が、もたれかゝるように、其処《そこ》へ雪崩《なだ》れて行く。殺されかゝっているんだ！　皆はハッキリした焦点もなしに、怒りッぽくなっていた。

「お、俺だちの、も、ものにもならないのに、く、糞、こッ殺されてたまるもんか！」

吃《ども》りの漁夫が、自分でももどかしく、顔を真赤に筋張らせて、急に、大きな声を出した。

一寸、皆だまった。何かにグイと心を「不意に」突き上げられた――のを感じた。

「カムサツカでア死にたくないな……。」

「…………。」

「中積船、函館ば出たとよ。――無電係の人云ってた。」

「帰りてえな。」

「帰れるもんか。」

「中積船でヨク逃げる奴《やつ》がいるってな。」

「んか!?……え、な。」

「漁に出る振りして、カムサツカの陸さ逃げて、露助と一緒に赤化宣伝ばやってるものもいるッてな。」

「…………。」

「日本帝国のためか、――又、い、名義を考えたもんだ。」――学生は胸のボタンを外して、階段のように一つ一つ窪《くぼ》みの出来ている胸を出して、あくびをしながら、ゴシ〳〵掻《か》いた。垢《あか》が乾いて、薄い雲母のように剝《は》げてきた。

「んよ、か、会社の金持ばかり、ふ、ふんだくるくせに。」

カキの貝殻のように、段々のついた、たるんだ眼蓋《まぶた》から、弱々しい濁った視線をストーヴの上にボンヤリ投げていた中年を過ぎた漁夫が唾《つば》をはいた。ストーヴの上に落ちると、それがクルッ〳〵と真円《まんまる》にまるくなって、ヂュウ〳〵云いながら、豆のように跳ね上って、見る間に小さくなり、油煙粒ほどの小さいカスを残して、無くなった。皆はそれにウカツな視線を投げている。

「それ、本当かも知れないな。」

然し、船頭が、ゴム底タビの赤毛布の裏を出して、ストーヴにかざしながら、「おい〳〵叛逆《てむかい》なんかしないでけれよ。」と云った。

「…………」

「勝手だべよ。糞。」吃りが唇を蛸《たこ》のように突き出した。

ゴムの焼けか、っているイヤな臭いがした。

「おい、親爺《おど》、ゴム！」

「ん、あ、こげた！」

波が出て来たらしく、サイドが微《かす》かになってきた。船も子守唄《こもりうた》程に揺れている。腐った海漿《ほおずき》のような五燭燈《しょくとう》で、ストーヴを囲んでいるお互の、後に落ちている影が色々にもつれて、組合った。――静かな夜だった。ストーヴの口からの赤い火が、膝《ひざ》から下にチラ〳〵と反映していた。不幸だった自分の一生が、ひょいと――まるッきり、ひょいと、しかも一瞬間だけ見返される――不思議に静かな夜だった。

「煙草《たばこ》無《ね》えか？」

「無え……。」

「無えか？……。」

「なかったな。」

「糞。」

「おい、ウイスキーをこっちにも廻わせよ、な。」

相手は角瓶を逆かさに振ってみせた。

「おッと、勿体《もったい》ねえことするなよ。」

「ハ、、、、。」

「飛んでもねえ所さ、然し来たもんだな、俺も……。」その漁夫は芝浦の工場にいたことがあった。そこの話がそれから出た。それは北海道の労働者達には「工場」だとは想像もつかない「立派な処」に思われた。「こゝの百に一つ位のことがあったって、あっちじゃストライキだよ。」と云った。

その事から――そのキッかけで、お互の今迄《まで》してきた色々のことが、ひょい〳〵と話に出てきた。「国道開たく工事」「灌漑《かんがい》工事」「鉄道敷設《ふせつ》」「築港埋立」「新鉱発掘」「開墾」「積取人夫」「鰊《にしん》取り」――殆《ほと》んど、そのどれかを皆はしてきていた。

――内地では、労働者が「横平《おうへい》」になって無理がきかなくなり、市場も大体開拓されつくして、行詰ってくると、資本家は「北海道・樺太《からふと》へ！」鉤爪《かぎづめ》をのばした。其処では、彼等は朝鮮や、台湾の殖民地と同じように、面白い程無茶な「虐使《ぎゃくし》」が出来た。然し、誰も、何んとも云えない事を、資本家はハッキリ呑《の》み込んでいた。「国道開たく」「鉄道敷設」の土工部屋では、虱《しらみ》より無雑作に土方がタヽキ殺された。虐使に堪えられなくて逃亡する。それが捕まると、棒杭《ぼうぐい》にしばりつけて置いて、馬の後足で蹴《け》らせたり、裏庭で土佐犬に嚙《か》み殺させたりする。それを、しかも皆の眼の前でやってみせるのだ。肋骨《ろっこつ》が胸の中で折れるボクッ、、、、とこもった音をきいて、「人間でない」土方さえ思わず額を抑えるものがいた。気絶をすれば、水をかけて生かし、それを何度も何度も繰りかえした。終いには風呂《ふろ》敷《しき》包みのように、土佐犬の強靭《きょうじん》な首で振り廻わされて死ぬ。ぐったり広場の隅に投げ出されて、放って置かれてからも、身体《からだ》の何処かゞ、ピク〳〵と動いていた。焼火箸《やけひばし》をいきなり尻にあてることや、六角棒で腰が立たなくなる程なぐりつけることは「毎日」だった。飯を食っていると、急に、裏で鋭い叫び声が起る。すると、人の肉が焼ける生ッ臭い匂《にお》いが流れてきた。

「やめた、やめた。――とても飯なんて、食えたもんじゃねえや。」

箸を投げる。が、お互暗い顔で見合った。

脚気《かっけ》では何人も死んだ。無理に働かせるからだった。死んでも「暇がない」ので、そのまゝ何日も放って置かれた。裏へ出る暗がりに、無雑作にかけてあるムシロの裾《すそ》から、子供のように妙に小さくなった、黄黒く、艶《つや》のない両足だけが見えた。

「顔に一杯蠅《はえ》がたかってるんだ。側を通ったとき、一度にワアーンと飛び上るんでないか！」

額を手でトン〳〵打ちながら入ってくると、そう云う者があった。

皆は朝は暗いうちに仕事場に出された。そして鶴嘴《つるはし》のさきがチラッ、チラッと青白く光って、手元が見えなくなる迄、働かされた。近所に建っている監獄で働いている囚人の方を、皆はかえって羨《うら》やましがった。殊《こと》に朝鮮人は親方、棒頭《ぼうがしら》からも、同じ仲間の土方（日本人の）からも、「踏んづける」ような待遇をうけていた。

其処から四、五里も離れた村に駐在している巡査が、それでも時々手帖《てちょう》をもって、取調べにテク〳〵やってくる。夕方迄いたり、泊りこんだりした。然し土方達の方へは一度も顔を見せなかった。そして、帰りには真赤な顔をして、歩きながら道の真中を、消防の真似《まね》でもしているように、小便を四方にジャ〳〵やりながら、分らない独言を云って帰って行った。

北海道では、字義通り、どの鉄道の枕木もそれはそのまゝ一本々々労働者の青むくれた「死骸《しがい》」だった。築港の埋立には、脚気の土工が生きたまゝ「人柱」のように埋められた。――北海道の、そういう労働者を「タコ（蛸）」と云っている。蛸は自分が生きて行くためには、自分の手足をも食ってしまう。これこそ、全くそっくりではないか！　そこでは誰をも憚《はばか》らない「原始的」な搾取《さくしゅ》が出来た。「儲《もう》け」がゴゾリ、ゴゾリ掘りかえってきた。しかも、そして、その事を巧みに「国家的」富源の開発ということに結びつけて、マンマと合理化していた。抜目がなかった。「国家」のために、労働者は「腹が減り」「タ、キ殺されて」行った。

「其処《あこ》から生きて帰れたなんて、神助け事だよ。有難かったな！　んでも、この船で殺されてしまったら、同じだべよ。――何アーんでえ！」そして突調子なく大きく笑った。その漁夫は笑ってしまってから、然し眉《まゆ》のあたりをアリ〳〵と暗くして、横を向いた。

鉱山《やま》でも同じだった。――新らしい山に坑道を掘る。そこにどんな瓦斯《ガス》が出るか、どんな飛んでもない変化が起るか、それを調べあげて一つの確針をつかむのに、資本家は「モルモット」より安く買える「労働者」を、乃木《のぎ》軍神がやったと同じ方法で、入り代り、立ち代り雑作なく使い捨てた。鼻紙より無雑作に！「マグロ」の刺身のような労働者の肉片が、坑道の壁を幾重にも幾重にも丈夫にして行った。都会から離れていることを好《よ》い都合にして、此処《ここ》でも矢張り「ゾッ」とすることが行われていた。トロッコで運んでくる石炭の中に拇指や小指がバラ〳〵に、ねばって交ってくることがある。女や子供はそんな事には然し眉を動かしてはならなかった。そう「慣らされていた。」彼等は無表情に、それを次の持場迄押してゆく。――その石炭が巨大な機械を、資本家の「利潤」のために動かした。

どの坑夫も、長く監獄に入れられた人のように、艶のない黄色くむくんだ、始終ボンヤリした顔をしていた。日光の不足と、炭塵《たんじん》と、有害ガスを含んだ空気と、温度と気圧の異常とで、眼に見えて身体がおかしくなってゆく。「七、八年も坑夫をしていれば、凡《およ》そ四、五年間位は打《ぶ》ッ続けに真暗闇《まっくらやみ》の底にいて、一度だって太陽を拝がまなかったことになる、四、五年も！」――だが、どんな事があろうと、代りの労働者を何時《いつ》でも沢山仕入れることの出来る資本家には、そんなことはどうでもいゝ事であった。冬が来ると、「矢張り」労働者はその坑山に流れ込んで行った。

それから「入地百姓」――北海道には「移民百姓」がいる。「北海道開拓」「人口食糧問題解決、移民奨励」、日本少年式な「移民成金」など、ウマイ事ばかり並べた活動写真を使って、田畑を奪われそうになっている内地の貧農を煽動《せんどう》して、移民を奨励して置きながら、四、五寸も掘り返せば、下が粘土ばかりの土地に放り出される。豊《ほう》饒《じょう》な土地には、もう立札が立っている。雪の中に埋められて、馬鈴薯《ばれいしょ》も食えずに、一家は次の春には餓死することがあった。それは「事実」何度もあった。雪が溶けた頃になって、一里も離れている「隣りの人」がやってきて、始めてそれが分った。口の中から、半分嚥《の》みかけている藁屑《わらくず》が出てきたりした。

稀《ま》れに餓死から逃れ得ても、その荒《こう》ブ地を十年もかゝって耕やし、ようやくこれで普通の畑になったと思える頃、それは実にちアんと、「外の人」のものになるようになっていた。資本家は――高利貸、銀行、華族、大金持は、嘘《うそ》のような金を貸して置けば、（投げ捨て、置けば）荒地は、肥えた黒猫の毛並のように豊饒な土地になって、間違なく、自分のものになってきた。そんな事を真似て、濡手をきめこむ、眼の鋭い人間も、又北海道に入り込んできた。――百姓は、あっちからも、こっちからも自分のものを嚙みとられて行った。そして終《しま》いには、彼等が内地でそうされたと同じように「小作人」にされてしまっていた。そうなって百姓は始めて気付いた。――「失敗《しま》った！」

彼等は少しでも金を作って、故里《ふるさと》の村に帰ろう、そう思って、津軽海峡を渡って、雪の深い北海道へやってきたのだった。――蟹工船《かにこうせん》にはそういう、自分の土地を「他人」に追い立てられて来たものが沢山いた。

積取人夫は蟹工船の漁夫と似ていた。監視付きの小樽の下宿屋にゴロ〳〵していると、樺太や北海道の奥地へ船で引きずられて行く。足を「一寸《いっすん》」すべらすと、ゴン〳〵〳〵とうなりながら、地響をたて、転落してくる角材の下になって、南部センベイよりも薄くされた。ガラ〳〵とウインチで船に積まれて行く、水で皮がペロ〳〵になっている材木に、拍子を食って、一なぐりされると、頭のつぶれた人間は、蚤《のみ》の子よりも軽く、海の中へたゝき込まれた。

――内地では、何時迄も、黙って「殺されていない」労働者が一かたまりに固《かたま》って、資本家へ反抗している。然《しか》し「殖民地」の労働者は、そういう事情から完全に「遮断」されていた。

苦しくて、苦しくてたまらない。然し転んで歩けば歩く程、雪ダルマのように苦しみを身体に背負いこんだ。

「どうなるかな……？」

「殺されるのさ、分ってるべよ。」

「…………。」何か云《い》いたげな、然しグイとつまったまゝ、皆だまった。

「こ、こ、殺される前に、こっちから殺してやるんだ。」どもりがブッきら棒に投げつけた。


トブーン、ドブーンとゆるく腹《サイド》に波が当っている。上甲板の方で、何処《どこ》かのパイプからスティムがもれてるらしく、シー、シ——ン、シ——ンという鉄瓶のたぎるような、柔かい音が絶えずしていた。

寝る前に、漁夫達は垢でスルメのようにガバ〳〵になったメリヤスやネルのシャツを脱いで、ストーヴの上に広げた。囲んでいるもの達が、炬燵《こたつ》のように各〻《おのおの》その端をもって、熱くしてからバタ〳〵とほろった。ストーヴの上に虱や南京虫《ナンキンむし》が落ちると、プツン、プツンと音をたてゝ、人が焼ける時のような生ッ臭い臭《にお》いがした。熱くなると、居たまらなくなった虱が、シャツの縫目から、細かい沢山の足を夢中に動かして、出て来る。つまみ上げると、皮膚の脂肪《あぶら》ッぽいコロッとした身体の感触がゾッときた。かまきり虫のような、無気味な頭が、それと分る程肥えているのもいた。

「おい、端を持ってけれ。」

褌《ふんどし》の片端を持ってもらって、広げながら虱をとった。

漁夫は虱を口に入れて、前歯で、音をさせてつぶしたり、両方の拇指《おやゆび》の爪《つめ》で、爪が真赤になるまでつぶした。子供が汚い手をすぐ着物に拭《ふ》くように、袢天《はんてん》の裾にぬぐうと、又始めた。――それでも然し眠れない。何処から出てくるか、夜通し虱と蚤と南京虫に責められる。いくらどうしても退治し尽されなかった。薄暗く、ジメ〳〵している棚に立っていると、すぐモゾ〳〵と何十匹もの蚤が脛《すね》を這《は》い上ってきた。終いには、自分の体の何処かゞ腐ってゞもいないのか、と思った。蛆《うじ》や蠅に取りつかれている腐《ふ》爛《らん》した「死体」ではないか、そんな不気味さを感じた。

お湯には、初め一日置きに入れた。身体が生ッ臭くよごれて仕様がなかった。然し一週間もすると、三日置きになり、一ヵ月位経《た》つと、一週間一度。そしてとう〳〵月二回にされてしまった。水の濫費《らんぴ》を防ぐためだった。然し、船長や監督は毎日お湯に入った。それは濫費にはならなかった。(!)――身体が蟹の汁で汚れる、それがそのま、何日も続く、それで虱か南京虫が湧《わ》かない「筈《はず》」がなかった。

褌を解くと、黒い粒々がこぼれ落ちた。褌をしめたあとが、赤くかたがついて、腹に輪を作った。そこがたまらなく掻《か》ゆかった。寝ていると、ゴシ〳〵と身体をやけにかく音が何処からも起った。モゾ〳〵と小さいゼンマイのようなものが、身体の下側を走るかと思うと――刺す。その度に漁夫は身体をくねらし、寝返りを打った。然し又すぐ同じだった。それが朝迄続く。皮膚が皮癬《ひぜん》のように、ザラ〳〵になった。

「死に虱だべよ。」

「んだ、丁度え、さ。」

仕方なく、笑ってしまった。

五

あわてた漁夫が二、三人デッキを走って行った。

曲り角で、急にまがれず、よろめいて、手すりにつかまった。サロン・デッキで修繕をしていた大工が背のびをして、漁夫の走って行った方を見た。寒風の吹きさらしで、涙が出て、初め、よく見えなかった。大工は横を向いて勢いよく「つかみ鼻」をかんだ。鼻汁が風にあふられて、歪《ゆが》んだ線を描いて飛んだ。

ともの左舷《さげん》のウインチがガラ〳〵なっている。皆漁に出ている今、それを動かしているわけがなかった。ウインチにはそして何かブラ下っていた。それが揺れている。

吊《つ》り下がっているワイヤーが、その垂直線の囲《まわ》りを、ゆるく円を描いて揺れていた。

「何んだべ？」――その時、ドキッと来た。

　大工は周章《あわて》たように、もう一度横を向いて「つかみ鼻」をかんだ。それが風の工合でズボンにひっかゝった。トロッとした薄い水鼻だった。

「又、やってやがる。」大工は涙を何度も腕で拭《ぬぐ》いながら眼をきめた。

　こっちから見ると、雨上りのような銀灰色の海をバックに、突き出ているウインチの腕、それにすっかり身体を縛られて、吊し上げられている雑夫が、ハッキリ黒く浮び出てみえた。ウインチの先端まで空を上ってゆく。そして雑巾《ぞうきん》切れでもひッかゝったように、しばらくの間――二十分もそのまゝに吊下げられている。それから下がって行った。身体をくねらして、もがいているらしく、両足が蜘蛛《くも》の巣にひっかゝった蠅のように動いている。

　やがて手前のサロンの陰になって、見えなくなった。一直線に張っているワイヤーだけが、時々ブランコのように動いた。

　涙が鼻に入ってゆくらしく、水鼻がしきりに出た。大工は又「つかみ鼻」をした。それから横ポケットにブラン〳〵している金槌《かなづち》を取って、仕事にかゝった。

　大工はひょいと耳をすまして――振りかえって見た。ワイヤ・ロープが、誰か下で振っているように揺れていて、ボクン〳〵と鈍い不気味な音は其処《そこ》からしていた。

ウインチに吊された雑夫は顔の色が変っていた。死体のように堅くしめている唇から、泡を出していた。大工が下りて行った時、雑夫長が薪《まき》を脇《わき》にはさんで、片肩を上げた窮屈な恰好《かっこう》で、デッキから海へ小便をしていた。あれでなぐったんだな、大工は薪をちらっと見た。小便は風が吹く度に、ジャ、ジャとデッキの端にかゝって、はねを飛ばした。

漁夫達は何日も何日も続く過労のために、だん〳〵朝起きられなくなった。監督が石油の空罐を寝ている耳もとでたゝいて歩いた。眼を開けて、起き上る迄《まで》、やけに罐をたゝいた。脚気《かっけ》のものが、頭を半分上げて何か云っている。然し監督は見ない振りで、空罐をやめない。声が聞えないので、金魚が水際《みずぎわ》に出てきて、空気を吸っている時のように、口だけパク〳〵動いてみえた。いゝ加減たたいてから、

「どうしたんだ、タヽき起すど！」と怒鳴りつけた。「いやしくも仕事が国家的である以上、戦争と同じなんだ。死ぬ覚悟で働け！　馬鹿《ばか》野郎！」

病人は皆蒲団《ふとん》を剝《は》ぎとられて、甲板へ押し出された。脚気のものは階段の段々に足先きがつまずいた。手すりにつかまりながら、身体《からだ》を斜めにして、自分の足を自分の

手で持ち上げて、階段を上がった。心臓が一足毎《ごと》に無気味にピン〳〵蹴《け》るようにはね上った。

監督も、雑夫長も病人には、継子《ままこ》にでも対するようにジリ〳〵と陰険だった。「肉詰」をしていると、追い立てゝ、甲板で「爪たゝき」をさせられる。それを一寸《ちょっと》していると「紙巻」の方へ廻わされる。底寒くて、薄暗い工場の中ですべる足元に気をつけながら、立ちつくしていると、膝《ひざ》から下は義足に触るより無感覚になり、ひょいとすると膝の関節が、蝶《ちょう》つがいが離れたように、不覚にヘナ〳〵と坐《すわ》り込んでしまいそうになった。

学生が蟹をつぶした汚れた手の甲で、額を軽くたゝいていた。一寸すると、そのまゝ横倒しに後へ倒れてしまった。その時、側《そば》に積《か》さなっていた罐詰の空罐がひどい音をたてゝ、学生の倒れた上に崩れ落ちた。それが船の傾斜に沿って、機械の下や荷物の間に、光りながら円るく転んで行った。仲間が周章てゝ学生をハッチに連れて行こうとした。それが丁度、監督が口笛を吹きながら、工場に下りてきたのと、会った。ひょいと見てとると、

「誰が仕事を離れったんだ！」

「誰が!?……」思わずグッと来た一人が、肩でつッかゝるように、せき込んだ。

「誰がア――？　この野郎、もう一度云ってみろ！」監督はポケットからピストルを取り出して、玩具《おもちゃ》のようにいじり廻わした。それから、急に大声で、口を三角形にゆがめながら、背のびをするように身体をゆすって、笑い出した。

「水を持って来い！」

監督は桶《おけ》一杯に水を受取ると、枕木のように床に置き捨てになっている学生の顔に、いきなり――一度に、それを浴せかけた。

「これでえゝんだ。――要らないものなんか見なくてもえゝ、仕事でもしやがれ！」

次の朝、雑夫が工場に下りて行くと、旋盤の鉄柱に前の日の学生が縛りつけられているのを見た。首をひねられた鶏のように、首をガクリ胸に落し込んで、背筋の先端に大きな関節を一つポコンと露《あら》わに見せていた。そして子供の前掛けのように、胸に、それが明らかに監督の筆致で、

「此者《このもの》ハ不忠ナル偽病者ニツキ、麻縄ヲ解クコトヲ禁ズ。」

と書いたボール紙を吊していた。

額に手をやってみると、冷えきった鉄に触るより冷たくなっている。雑夫等は工場に入る迄ガヤ〳〵しゃべっていた。それが誰も口をきくものがない。後から雑夫長の下りてくる声をきくと、彼等はその学生の縛られている機械から二つに分れて各〻の

持場に流れて行った。

蟹漁が忙がしくなると、ヤケに当ってくる。前歯を折られて、一晩中「血の唾《つば》」をはいたり、過労で作業中に卒倒したり、眼から血を出したり、平手で滅茶苦茶《めちゃくちゃ》に叩《たた》かれて、耳が聞えなくなったりした。あんまり疲れてくると、皆は酒に酔ったよりも他愛なくなった。時間がくると、「これでいゝ」と、フト安心すると、瞬間クラ〳〵ッとした。

皆が仕舞いかけると、

「今日は九時迄だ。」と監督が怒鳴って歩いた。「この野郎達、仕舞いだッて云う時だけ、手廻わしを早くしやがって！」

皆は高速度写真のようにノロ〳〵又立ち上った。それしか気力がなくなっていた。

「いゝか、此処《ここ》へは二度も、三度も出直して来れるところじゃないんだ。それに何時《いつ》だって蟹が取れるとも限ったものでもないんだ。それを一日の働きが十時間だから十三時間だからって、それでピッタリやめられたら、飛んでもないことになるんだ。――仕事の性質《たち》が異《ちが》うんだ。いいか、その代り蟹が採れない時は、お前達を勿体ない、程ブラ〳〵させておくんだ。」監督は「糞壺《くそつぼ》」へ降りてきて、そんなことを云った。「露助はな、魚が何んぼ眼の前で群化《くき》てきても、時間が来れば一分も違わずに、仕事をブン投げてしまうんだ。んだから——んな心掛けだから露西亜《ロシア》の国があゝなったんだ。日本男児の断じて真似《まね》てならないことだ！」

何に云ってるんだ、ペテン野郎！　そう思って聞いていないのもあった。然し大部分は監督にそう云われると日本人は矢張り偉いんだ、という気にされた。そして自分達の毎日の残虐《ざんぎやく》な苦しさが、何か「英雄的」なものに見え、それがせめても皆を慰めさせた。

甲板で仕事をしていると、よく水平線を横切って、駆逐艦が南下して行った。後尾に日本の旗がはためくのが見えた。漁夫等は興奮から、眼に涙を一杯ためて、帽子をつかんで振った。——あれだけだ。俺達の味方は、と思った。

「畜生、あいつを見ると、涙が出やがる。」

だん／＼小さくなって、煙にまつわって見えなくなる迄見送った。

雑巾切れのように、クタ／＼になって帰ってくると、皆は思い合わせたように、相手もなく、ただ「畜生！」と怒鳴った。暗がりで、それは憎悪《ぞうお》に満ちた牡牛《おうし》の唸《うな》り声に似ていた。誰に対してか彼等自身分ってはいなかったが、然し毎日々々同じ「糞壺」の中にいて、二百人近くのもの等がお互にブッキラ棒にしゃべり合っているうちに、眼に見えずに、考えること、云うこと、することが、（なめくじが地面を匐《は》うほどののろさだが、）同じになって行った。——その同じ流れのうちでも、勿論《もちろん》澱《よど》んだように足ぶみをするものが出来たり、別な方へ外《そ》れて行く中年の漁夫もある。然しそのどれもが、自分では何んにも気付かないうちに、そうなって行き、そして何時の間にか、ハッキリ分れ、分れになっていた。

　朝だった。タラップをノロ〳〵上りながら、炭山《やま》から来た男が、

「とても続かねえや。」と云《い》った。

　前の日は十時近くまでやって、身体は壊れかゝった機械のようにギク〳〵していた。タラップを上りながら、ひょいとすると、眠っていた。後から「オイ」と声をかけられて思わず手と足を動かす。そして、足を踏み外して、のめったまゝ腹ん這いになった。

　仕事につく前に、皆が工場に降りて行って、片隅に溜《たま》った。どれも泥人形のような顔をしている。

「俺ア仕事サボるんだ。出来ねえ。」——炭山《やま》だった。

　皆も黙ったまゝ、顔を動かした。

　一寸して、

「大焼きが入るからな……。」と誰か云った。

「ずるけてサボるんでねえんだ。働けねえからだよ。」

炭山《やま》が袖《そで》を上膊《じょうはく》のところまで、まくり上げて、眼の前ですかして見るようにかざした。

「長げえことねえんだ――俺アずるけてサボるんでねえだど。」

「それだら、そんだ。」

「…………。」

その日、監督は鶏冠《とさか》をピンと立てた喧嘩鶏《けんかどり》のように、工場を廻って歩いていた。「どうした、どうした!?」と怒鳴り散らした。がノロ〳〵と仕事をしているのが一人、二人でなしに、あっちでも、こっちでも――殆《ほと》んど全部なので、たゞイラ〳〵歩き廻ることしか出来なかった。漁夫達も船員もそういう監督を見るのは始めてだった。上甲板で、網から外した蟹《かに》が無数に、ガサ〳〵と歩く音がした。通りの悪い下水道のように、仕事がドン〳〵つまって行った。然《しか》し「監督の棍棒《こんぼう》」が何の役にも立たない！

仕事が終ってから、煮しまった手拭《てぬぐい》で首を拭《ふ》きながら、皆ゾロ〳〵「糞壺」に帰ってきた。顔を見合うと、思わず笑い出した。それが何故《なぜ》か分らずに、おかしくて、おかしくて仕様がなかった。

それが船員の方にも移って行った。船員を漁夫とにらみ合わせて、仕事をさせ、い、加減に馬鹿をみせられていたことが分ると、彼等も時々「サボリ」出した。

「昨日ウンと働き過ぎたから、今日はサボだど。」

仕事の出しなに、誰かそう云うと、皆そうなった。然し「サボ」と云っても、たゞ身体を楽に使うということでしかなかったが。

誰だって身体がおかしくなっていた。イザとなったら「仕方がない」やるさ。「殺されること」はどっち道同じことだ。そんな気が皆にあった。――たゞ、もうたまらなかった。

＊　＊　＊

「中積船だ！　中積船だ！」上甲板で叫んでいるのが、下迄聞えてきた。皆は思い〳〵「糞壺」の棚からボロ着のまゝ跳ね下りた。

中積船は漁夫や船員を「女」よりも夢中にした。この船だけは塩ッ臭くない、――函館の匂《にお》いがしていた。何ヵ月も、何百日も踏みしめたことのない、あの動かない「土」の匂いがしていた。それに、中積船には日附の違った何通りもの手紙、シャツ、下着、雑誌などが送りとゞけられていた。

彼等は荷物を蟹臭い節立った手で、鷲《わし》づかみにすると、周章てたように「糞壺」にかけ下りた。そして棚に大きな安坐《あぐら》をかいて、その安坐の中で荷物を解いた。色々なものが出る。――側から母親がものを云って書かせた、自分の子供のたど〳〵しい手紙や、手拭、歯磨、楊子《ようじ》、チリ紙、着物、それ等の合せ目から、思いがけなく妻の手紙が、重さでキチンと平べったくなって、出てきた。彼等はその何処《どこ》からでも、陸にある「自家《うち》」の匂いをかぎ取ろうとした。乳臭い子供の匂いや、妻のムッとくる膚《はだ》の臭《にお》いを探がした。

…………………………
おそゝにかつれて困っている、
三銭切手でとゞくなら、
おそゝ罐詰で送りたい――かッ！

やけに大声で「ストゝン節」をどなった。

何んにも送って来なかった船員や漁夫は、ズボンのポケットに棒のように腕をつッこんで、歩き廻っていた。

「お前の居ない間《ま》に、男でも引ッ張り込んでるだんべよ。」

皆にからかわれた。

薄暗い隅に顔を向けて、皆ガヤ〳〵騒いでいるのをよそに、何度も指を折り直して、考え込んでいるのがいた。――中積船で来た手紙で、子供の死んだ報知《しらせ》を読んだのだった。二ヵ月も前に死んでいた子供の、それを知らずに「今迄」いた。手紙には無線を頼む金もなかったので、と書かれていた。漁夫が⁉と思われる程、その男は何時迄もムッつりしていた。

然し、それと丁度反対のがあった。ふやけた蛸《たこ》の子のような赤子の写真が入っていたりした。

「これがか⁉」と、頓狂《とんきよう》な声で笑い出してしまう。

それから「どうだ、これが産れたんだとよ。」と云ってワザ〳〵一人々々に、ニコ〳〵しながら見せて歩いた。

荷物の中には何んでもないことで、然し妻でなかったら、矢張り気付かないような細かい心配りの分るものが入っていた。そんな時は、急に誰でも、バタ〳〵と心が「あやしく」騒ぎ立った。――そして、たゞ、無性に帰りたかった。

中積船には、会社で派遣した活動写真隊が乗り込んできていた。出来上ったたゞけの罐詰を中積船に移してしまった晩、船で活動写真を映すことになった。

平べったい鳥打ちを少し横めにかぶり、蝶ネクタイをして、太いズボンをはいた、若い同じような恰好《かっこう》の男が二、三人トランクを重そうに持って、船へやってきた。

「臭い、臭い！」

そう云いながら、上着を脱いで、口笛を吹きながら、幕をはったり、距離をはかって台を据えたりし始めた。漁夫達はそれ等の男から、何か「海で」ないもの――自分達のようなものでないもの、を感じ、それにひどく引きつけられた。船員や漁夫は何処か浮かれ気味で、彼等の仕度に手伝った。

一番年かさらしい下品に見える、太い金縁の眼鏡をかけた男が、少し離れた処《ところ》に立って、首の汗を拭いていた。

「弁士さん、そったら処さ立ってれば、足から蚤《のみ》がハネ上って行きますよ！」

と、「ひやア――ッ！」焼けた鉄板でも踏んづけたようにハネ上った。

見ていた漁夫達がドッと笑った。

「然しひどい所にいるんだな！」しゃがれた、ジャラ／＼声だった。それは矢張り弁士だった。「知らないだろうけれども、この会社が此処へこうやって、やって来るために、幾何《いくら》儲《もう》けていると思う？ 大したもんだ。六ヵ月に五百万円だよ。一年千万円だ。――口で千万円って云えば、それっ切りだけれども、大したもんだ。それに株主へ二割二分五厘なんて滅法界もない配当をする会社なんて、日本にだってそうないんだ。今度社長が代議士になるッて云うし、申分がないさ。――矢張り、こんな風にしてもひどくしなけア、あれだけ儲けられないんだろうな。」

　夜になった。

「一万箱祝」を兼ねてやることになり、酒、焼酎《しょうちゅう》、するめ、にしめ、バット、キャラメルが皆の間に配られた。

「さ、親父《おど》のどこさ来い。」

雑夫が、漁夫、船員の間に、引張り凧《だこ》になった。「安坐さ抱いて見せてやるからな。」

「危い、危い！　俺のどこさ来いてば。」

　それがガヤ〳〵しばらく続いた。

　前列の方で四、五人が急に拍手した。皆も分らずに、それに続けて手をたゝいた。監督が白い垂幕の前に出てきた。――腰をのばして、両手を後に廻わしながら、「諸君は」とか、「私は」とか、普段云ったことのない言葉を出したり、又何時もの「日本男児」だとか、「国富」だとか云い出した。大部分は聞いていなかった。こめかみと顎《あご》の骨を動かしながら、「するめ」を咬《か》んでいた。

「やめろ、やめろ！」後から怒鳴る。

「お前えなんか、ひっこめ！　弁士がいるんだ、ちアんと。」

「六角棒の方が似合うぞ！」――皆ドッと笑った。口笛をピュウ〳〵吹いて、ヤケに手をた、いた。

監督もまさか其処《そこ》では怒れず、顔を赤くして、何か云うと（皆が騒ぐので聞えなかった。）引っ込んだ。そして活動写真が始まった。

最初「実写」だった。宮城、松島、江ノ島、京都……が、ガタビシャ〳〵と写って行った。時々切れた。急に写真が二、三枚ダブって、目まいでもしたように入り乱れたかと思うと、瞬間消えて、パッと白い幕になった。

それから西洋物と日本物をやった。どれも写真はキズが入っていて、ひどく「雨が降った。」それに所々切れているのを接合させたらしく、人の動きがギクシャクした。――然しそんなことはどうでもよかった。皆はすっかり引き入れられていた。外国のい、身体《からだ》をした女が出てくると、口笛を吹いたり、豚のように鼻をならした。弁士は怒ってしばらく説明しないこともあった。

西洋物はアメリカ映画で、「西部開発史」を取扱ったものだった。――野蛮人の襲撃をうけたり、自然の暴虐に打ち壊されては、又立ち上り、一間《けん》々々と鉄道をのばして行く。途中に、一夜作りの「町」が、まるで鉄道の結びコブのように出来る。そして鉄道が進む、その先きへ、先きへと町が出来て行った。——其処から起る色々な苦難が、一工夫と会社の重役の娘との「恋物語」ともつれ合って、表へ出たり、裏になったりして描かれていた。最後の場面で、弁士が声を張りあげた。

「彼等幾多の犠牲的青年によって、遂《つい》に竣功《しゅんこう》するに至った延々何百哩《マイル》の鉄道は、長蛇の如《ごと》く野を走り、山を貫き、昨日までの蛮地は、かくして国富と変ったのであります。」

重役の娘と、何時の間にか紳士のようになった工夫が相抱くところで幕だった。

間に、意味もなくゲラ〳〵笑わせる、短い西洋物が一本はさまった。

日本の方は、貧乏な一人の少年が「納豆売り」「夕刊売り」などから「靴磨き」をやり、工場に入り、模範職工になり、取り立てられて、一大富豪になる映画だった。——弁士は字幕《タイトル》にはなかったが、

「げに勤勉こそ成功の母ならずして、何んぞや！」と云った。

それには雑夫達の「真剣な」拍手が起った。然し漁夫か船員のうちで、

「嘘《うそ》こけ！　そんだったら、俺なんて社長になってねかならないべよ。」

と大声を出したものがいた。

それで皆は大笑いに笑ってしまった。

後で弁士が、「あ、いう処へは、ウンと力を入れて、繰りかえし、繰りかえし云って貰《もら》いたいって、会社から命令されて来たんだ。」と云った。

最後は、会社の、各所属工場や、事務所などを写したものだった。「勤勉」に働いている沢山の労働者が写っていた。

写真が終ってから、皆は一万箱祝いの酒で酔払った。

長い間口にしなかったのと、疲労し過ぎていたので、ベロ〳〵に参って了《しま》った。薄暗い電気の下に、煙草《たばこ》の煙が雲のようにこめていた。空気がムレて、ドロ〳〵に腐っていた。肌脱ぎになったり、鉢巻をしたり、大きく安坐をかいて、尻《しり》をすっかりまくり上げたり、大声で色々なことを怒鳴り合った。——時々なぐり合いの喧嘩が起った。

それが十二時過ぎ迄《まで》続いた。

脚気《かっけ》で、何時《いつ》も寝ていた函館の漁夫が、枕を少し高くして貰って、皆の騒ぐのを見ていた。同じ処から来ている友達の漁夫は、側の柱に寄りかゝりながら、歯にはさまったするめを、マッチの軸木で「シイ」「シイ」音をさせてせゝっていた。

余程過ぎてからだった。——「糞壺《くそつぼ》」の階段を南京袋《ナンキンぶくろ》のように漁夫が転がって来た。着物と右手がすっかり血まみれになっていた。

「出刃、出刃！　出刃を取ってくれ！」土間を匍《は》いながら、叫んでいる。「浅川の野郎、何処へ行きやがった。居ねえんだ。殺してやるんだ。」

監督のためになぐられたことのある漁夫だった。――その男はストーヴのデレッキを持って、眼の色をかえて、又出て行った。誰もそれをとめなかった。

「な！」函館の漁夫が友達を見上げた。「漁夫だって、何時迄も木の根ッこみたいな馬鹿《ばか》でねえんだな。面白くなるど！」

次の朝になって、監督の室の窓硝子《まどガラス》からテーブルの道具が、すっかり滅茶苦茶《めちゃくちゃ》に壊されていたことが分った。監督だけは、然し、何処にいたのか運よく「こわされて」いなかった。

六

柔かい雨曇りだった。――前の日迄降っていた。それが上りかけた頃だった。曇った空と同じ色の雨が、これも矢張り曇った空と同じ色の海に、時々和やかな円るい波紋を落していた。

午過《ひるす》ぎ、駆逐艦がやって来た。手の空いた漁夫や雑夫や船員が、デッキの手すりに寄って、見とれながら、駆逐艦についてガヤ〳〵話しあった。物めずらしかった。

駆逐艦からは、小さいボートが降ろされて、士官連が本船へやってきた。サイドに斜めに降ろされたタラップの、下のおどり場には船長、工場代表、監督、雑夫長が待っていた。ボートが横付けになると、お互に挙手の礼をして船長が先頭に上ってきた。監督が上をひょいと見ると、眉《まゆ》と口隅をゆがめて、手を振って見せた。「何を見てるんだ。行ってろ、行ってろ！」

「偉張んねえ、野郎！」――ゾロ〳〵デッキを後のものが前を順に押しながら、工場へ降りて行った。生ッ臭い匂いが、デッキにたゞよって、残った。

「臭いね。」綺麗《きれい》な口髭《くちひげ》の若い士官が、上品に顔をしかめた。

後からついてきた監督が、周章《あわ》て、前へ出ると、何か云《い》って、頭を何度も下げた。

皆は遠くから飾りのついた短剣が、歩くたびに尻に当って、跳ね上がるのを見ていた。どれが、どれより偉いとか偉くないとか、それを本気で云い合った。しまいに喧《けん》嘩《か》のようになった。

「あゝなると、浅川も見られたもんでないな。」

監督のペコ〳〵した恰好を真似《まね》して見せた。皆はそれでドッと笑った。

その日、監督も雑夫長もいないので、皆は気楽に仕事をした。唄《うた》をうたったり、機械越しに声高に話し合った。

「こんな風に仕事をさせたら、どんなものだべな。」

皆が仕事を終えて、上甲板に上ってきた。サロンの前を通ると、中から酔払って、無遠慮に大声で喚《わめ》き散らしているのが聞えた。

給仕《ボーイ》が出てきた。サロンの中は煙草の煙でムン〳〵していた。

給仕の上気した顔には、汗が一つ〳〵粒になって出ていた。両手に空のビール瓶を一杯もっていた。顎で、ズボンのポケットを知らせて、

「顔を頼む。」と云った。

漁夫がハンカチを出してふいてやりながら、サロンを見て、「何してるんだ？」ときいた。

「イヤ、大変さ。ガブ〳〵飲みながら、何を話してるかって云えば――女のアレがどうしたとか、こうしたとかよ。お蔭《かげ》で百回も走らせられるんだ。農林省の役人が来れば来たでタラップからタ、キ落ちる程酔払うしな！」

「何しに来るんだべ？」

給仕は、分らんさ、という顔をして、急いでコック場に走って行った。

箸《はし》では食いづらいボロ〳〵な南京米に、紙ッ切れのような、実が浮かんでいる塩ッぽい味噌汁《みそしる》で、漁夫等が飯を食った。

「食ったことも、見たことも無《ね》えん洋食が、サロンさ何んぼも行ったな。」

「糞喰え――だ。」

テーブルの側の壁には、

一、飯のことで文句を云うものは、偉い人間になれぬ。
一、一粒の米を大切にせよ。血と汗の賜物《たまもの》なり。
一、不自由と苦しさに耐えよ。

振仮名がついた下手な字で、ビラが貼《は》らさっていた。下の余白には、共同便所の中にあるような猥褻《わいせつ》な落書がされていた。

飯が終ると、寝る迄の一寸《ちよつと》の間、ストーヴを囲んだ。――駆逐艦のことから、兵隊の話が出た。漁夫には秋田、青森、岩手の百姓が多かった。それで兵隊のことになると、訳が分らず、夢中になった。兵隊に行ってきたものが多かった。彼等は、今では、その当時の残虐《ざんぎやく》に充《み》ちた兵隊の生活をかえって懐《なつか》しいものに、色々想《おも》い出していた。

皆寝てしまうと、急に、サロンで騒いでいる音が、デッキの板や、サイドを伝って、此処《ここ》迄聞えてきた。ひょいと眼をさますと、「まだやっている」のが耳に入った。

——もう夜が明けるんではないか。誰か——給仕かも知れない、甲板を行ったり、来たりしている靴の踵《かかと》のコツ、コツという音がしていた。実際、そして、騒ぎは夜明け迄続いた。

士官連はそれでも駆逐艦に帰って行ったらしく、タラップは降ろされたまゝになっていた。そして、その段々に飯粒や蟹《かに》の肉や茶色のドロ〳〵したものが、ゴチャ〳〵になった嘔吐《へど》が、五、六段続いて、かゝっていた。嘔吐からは腐ったアルコールの臭《にお》いが強く、鼻にプーンときた。胸が思わずカアーッとくる匂《にお》いだった。

駆逐艦は翼をおさめた灰色の水鳥のように、見えない程に身体をゆすって、浮かんでいた。それは身体全体が「眠り」を貪《むさぼ》っているように見えた。煙筒からは煙草の煙よりも細い煙が風のない空に、毛糸のように上っていた。

監督や雑夫長などは昼になっても起きて来なかった。

「勝手な畜生だ！」仕事をしながら、ブツ〳〵云った。

コック部屋の隅には、粗末に食い散らされた空の蟹罐詰やビール瓶が山積みに積まさっていた。朝になると、それを運んで歩いたボーイ自身でさえ、よくこんなに飲んだり、食ったりしたもんだ、と吃驚《びっくり》した。

給仕は仕事の関係で、漁夫や船員などが、とても窺《うかが》い知ることの出来ない船長や監督、工場代表などのムキ出しの生活をよく知っていた。と同時に、漁夫達の惨《みじ》めな生活（監督は酔うと、漁夫達を「豚奴々《ぶため》々」と云っていた。）も、ハッキリ対比されて知っている。公平に云って、上の人間はゴウマンで、恐ろしいことを儲けのために「平気」で謀《たく》んだ。漁夫や船員はそれにウマ〳〵落ち込んで行った。——それは見ていられなかった。

何も知らないうちはいゝ、給仕は何時もそう考えていた。彼は、当然どういうことが起るか——起らないではいないか、それが自分で分るように思っていた。

二時頃だった。船長や監督等は、下手に畳んでおいたゝめに出来たらしい、色々な折目のついた服を着て、罐詰を船員二人に持たして、発動機船で駆逐艦に出掛けて行った。甲板で蟹外しをしていた漁夫や雑夫が、手を休めずに「嫁行列」でも見るように、それを見ていた。

「何やるんだか、分ったもんでねえな。」

「俺達の作った罐詰ば、まるで糞紙よりも粗末にしやがる！」

「然《しか》しな……」中年を過ぎかけている、左手の指が三本よりない漁夫だった。「こんな処《ところ》まで来て、ワザ〳〵俺達ば守ってゝけるんだもの、えゝさ——な。」

——その夕方、駆逐艦が、知らないうちにムク〳〵と煙突から煙を出し初めた。デッキを急がしく水兵が行ったり来たりし出した。そして、それから三十分程して動き出した。艦尾の旗がハタハタと風にはためく音が聞えた。蟹工船では、船長の発声で、「万歳」を叫んだ。

夕飯が終ってから、「糞壺」へ給仕がおりてきた。皆はストーヴの周囲で話してい
た。薄暗い電燈《でんとう》の下に立って行って、シャツから虱《しらみ》を取っているのもいた。電燈を横切る度に、大きな影がペンキを塗った、煤《すす》けたサイドに斜めにうつった。

「士官や船長や監督の話だけれどもな、今度ロシアの領海へこっそり潜入して漁をするそうだど。それで駆逐艦がしっきりなしに、側《そば》にいて番をしてくれるそうだ――大部、コレやってるらしいな。（拇指《おやゆび》と人差指で円るくしてみせた。）

「皆の話を聞いていると、金がそのまゝ、ゴロ〳〵転がっているようなカムサツカや北樺太《からふと》など、この辺一帯を、行く〳〵はどうしても日本のものにするそうだ。日本のアレは支那《しな》や満洲《まんしゅう》ばかりでなしに、こっちの方面も大切だって云うんだ。それにはこゝの会社が三菱など、一緒になって、政府をウマクつッついているらしい。今度社長が代議士になれば、もっとそれをドン〳〵やるようだど。

「それでさ、駆逐艦が蟹工船の警備に出動すると云ったところで、どうして〳〵、それればかりの目的でなくて、この辺の海、北樺太、千島の附近まで詳細に測量したり気

候を調べたりするのが、かえって大目的で、万一のアレに手ぬかりなくする訳だな。これア秘密だろうと思うんだが、千島の一番端の島に、コッソリ大砲を運んだり、重油を運んだりしているそうだ。

「俺初めて聞いて吃驚したんだけれどもな、今迄の日本のどの戦争でも、本当は――底の底を割ってみれば、みんな二人か三人の金持の（そのかわり大金持の）指図で、動機《きっかけ》だけは色々にこじつけて起したもんだとよ。何んしろ見込のある場所を手に入れたくて、手に入れたくてパタ〳〵してるんだそうだからな、そいつ等は。――危いそうだ。」

七

ウインチがガラ〳〵となって、川崎船が下がってきた。丁度その下に漁夫が四人程居て、ウインチの腕が短いので、下りてくる川崎船をデッキの外側に押してやって、海までそれが下りれるようにしてやっていた。――よく危いことがあった。ボロ船のウインチは、脚気の膝《ひざ》のようにギクシャクとしていた。ワイヤーを巻いている歯車の工合で、グイと片方のワイヤーだけが跛にのびる。川崎船が燻製鰊《くんせいにしん》のように、すっかり斜めにブラ下がってしまうことがある。その時、不意を喰らって、下にいた漁夫がよく怪我《けが》をした。――その朝それがあった。「あッ、危い！」誰か叫んだ。真上からタヽきのめされて、下の漁夫の首が胸の中に、杭《くい》のように入り込んでしまった。

漁夫等は船医のところへ抱えこんだ。彼等のうちで、今ではハッキリ監督などに対して「畜生！」と思っている者等は、医者に「診断書」を書いて貰《もら》うように頼むことにした。監督は蛇に人間の皮をきせたような奴《やつ》だから、何んとかキット難くせを「ぬかす」に違いなかった。その時の抗議のために診断書は必要だった。それに船医は割合漁夫や船員に同情を持っていた。

「この船は仕事をして怪我をしたり、病気になったりするよりも、ひッぱたかれたり、たヽきのめされたりして怪我したり、病気したりする方が、ずウッと多いんだからねえ。」と驚いていた。一々日記につけて後の証拠にしなければならない、と云っていた。それで病気や怪我をした漁夫や船員などを割合に親切に見てくれていた。

診断書を作って貰いたいんですけれどもと、一人が切り出した。

初め、吃驚したようだった。

「さあ、診断書はねえ……」

「この通りに書いて下さればいヽんですが。」

はがゆかった。

「この船では、それを書かせないことになってるんだよ。勝手にそう決めたらしいんだが。……後々のことがあるんでね。」

気の短い、吃《ども》りの漁夫が「チェッ！」と舌打ちをしてしまった。

「この前、浅川君になぐられて、耳が聞えなくなった漁夫が来たので、何気なく診断書を書いてやったら、飛んでもないことになってしまってね。――それが何時迄《いつまで》も証拠になるんで、浅川君にしちゃね……。」

彼等は船医の室《へや》を出ながら、船医も矢張り其処《そこ》まで行くと、もう「俺達」の味方でなかったことを考えていた。

その漁夫は、然し「不思議に」どうにか生命《いのち》を取りとめることが出来た。その代り、日中でもよく何かにつまずいて、のめる程暗い隅に転がったまゝ、その漁夫がうなっているのを、何日も何日も聞かされた。

彼が直りかけて、うめき声が皆を苦しめなくなった頃、前から寝たきりになっていた脚気《かっけ》の漁夫が死んでしまった。――二十七だった。東京、日暮里《にっぽり》の周旋屋から来たもので、一緒の仲間が十人程いた。然し、監督は次の日の仕事に差支《さしつか》えると云うので、仕事に出ていない「病気のものだけ」で、「お通夜」をさせることにした。

湯灌《ゆかん》をしてやるために、着物を解いてやると、身体《からだ》からは、胸がムカーッとする臭気がきた。そして無気味な真白い、平べったい虱が周章て、ゾロ〳〵走り出した。鱗《うろこ》形《がた》に垢《あか》のついた身体全体は、まるで松の幹が転がっているようだった。胸は、肋骨《ろっこつ》が一つ一つムキ出しに出ていた。脚気がひどくなってから、自由に歩けなかったので、小便などはその場でもらしたらしく、一面ひどい臭気だった。褌《ふんどし》もシャツも赭黒《あかぐろ》く色が変って、つまみ上げると、硫酸《りゅうさん》でもかけたように、ボロ〳〵にくずれそうだった。臍《へそ》の窪《くぼ》みには、垢とゴミが一杯につまって、臍は見えなかった。肛門《こうもん》の周りには、糞《くそ》がすっかり乾いて、粘土のようにこびりついていた。

「カムサツカでは死にたくない。」――彼は死ぬ時そう云ったそうだった。然し、今彼が命を落すというとき、側にキット誰も看《み》てやった者がいなかったかも知れない。そのカムサツカでは誰だって死にきれないだろう。漁夫達はその時の彼の気持を考え、中には声をあげて泣いたものがいた。

湯灌に使うお湯を貰いにゆくと、コックが、「可哀相《かわいそう》にな。」と云った。「沢山持って行ってくれ。随分、身体が汚れてるべよ。」

お湯を持ってくる途中、監督に会った。

「何処《どこ》へ持ってゆくんだ。」

「湯灌だよ。」

と云《い》うと、

「ぜいたくに使うな。」まだ何か云いたげにして通って行った。

帰ってきたとき、その漁夫は、「あの時位、いきなり後から彼奴《あいつ》の頭に、お湯をブッかけてやりたくなった時はなかった！」と云った。興奮して、身体をブル〳〵顫《ふる》わせた。

監督はしつこく廻ってきては、皆の様子を見て行った。——然し、皆は明日居睡《いねむ》りをしても、のめり乍《なが》ら仕事をしても——例の「サボ」をやっても、皆で「お通夜」をしようということにした。そう決った。

八時頃になって、ようやく一通りの用意が出来、線香や蠟燭《ろうそく》をつけて、皆がその前に坐《すわ》った。監督はとうとう来なかった。船長と船医が、それでも一時間位坐っていた。片言のように——切れ切れに、お経の文句を覚えていた漁夫が「それでいゝ、心が通じる」そう皆に云われて、お経をあげることになった。お経の間、シーンとしていた。誰か鼻をすゝり上げている。終りに近くなるとそれが何人もに殖《ふ》えて行った。

お経が終ると、一人々々焼香をした。それから坐《ざ》を崩して、各ゝ《おのおの》一かたまり、一かたまりになった。仲間の死んだことから、生きている——然し、よく考えてみればまるで危く生きている自分達のことに、それ等の話がなった。船長と船医が帰ってから、吃りの漁夫が線香とローソクの立っている死体の側のテーブルに出て行った。

「僕はお経は知らない。お経をあげて山田君の霊を慰めてやることは出来ない。然し僕はよく考えて、こう思うんです。山田君はどんなに死にたくなかったべか、とな。――イヤ、本当のことを云えば、どんなに殺されたくなかったか、と。確かに山田君は殺されたのです。」

聞いている者達は、抑えられたように静かになった。

「では、誰が殺したか？――云わなくたって分っているべよ！　僕はお経でもって、山田君の霊を慰めてやることは出来ない。然し僕等は、山田君を殺したもの、仇《かたき》をとることによって、山田君を慰めてやることが出来るのだ。――この事を、今こそ、山田君の霊に僕等は誓わなければならないと思う……。」

船員達だった、一番先きに「そうだ」と云ったのは。

蟹の生ッ臭いにおいと人いきれのする「糞壺《くそつぼ》」の中に線香のかおりが、香水か何かのように、ただよった。九時になると、雑夫が帰って行った。疲れているので、居睡りをしているものは、石の入った俵のようになか〳〵起き上らなかった。一寸《ちよつと》すると、漁夫達も一人、二人と眠り込んでしまった。――波が出てきた。船が揺れる度に、ローソクの灯が消えそうに細くなり、又それが明るくなったりした。死体の顔の上にかけてある白木綿が除《と》れそうに動いた。ずった。そこだけを見ていると、ゾッとする不気味さを感じた。――サイドに、波が鳴り出した。

次の朝、八時過ぎ迄一仕事をしてから、監督のきめた船員と漁夫だけ四人下へ降りて行った。お経を前の晩の漁夫に読んでもらってから、四人の外に、病気のもの三、四人で、麻袋に死体をつめた。麻袋は新らしいものは沢山あったが、監督は、直ぐ海に投げるものに新らしいものを使うなんてぜいたくだ、と云ってきかなかった。線香はもう船には用意がなかった。

「可哀相なもんだ。――これじゃ本当に死にたくなかったべよ。」

なか〳〵曲がらない腕を組合わせながら、涙を麻袋の中に落した。

「駄目々々。涙をかけると……。」

「何んとかして、函館迄持って帰られないものかな。……こら、顔をみれ、カムサッカのしやっこい水さ入りたくねえッて云ってるんでないか。――海さ投げられるなんて、頼りねえな……。」

「同じ海でもカムサツカだ。冬になれば――九月過ぎれば、船一艘《そう》も居なくなって、凍ってしまう海だで。北の北の端《はず》れの！」

「ん、ん。」――泣いていた。「それによ、こうやって袋に入れるッて云うのに、たった六、七人でな。三、四百人もいるのによ！」

「俺達、死んでからも、碌《ろく》な目に合わないんだ……。」

皆は半日でいゝから休みにしてくれるように頼んだが、前の日からの蟹の大漁で、許されなかった。「私事と公事を混同するな。」監督にそう云われた。

監督が「糞壺」の天井から顔だけ出して、

「もういゝか。」ときいた。

仕方がなく彼等は「いゝ。」と云った。

「じゃ、運ぶんだ。」

「んでも、船長さんがその前に弔詞を読んでくれることになってるんだよ。」

「船長オ？　弔詞イ？――」嘲《あざ》けるように、「馬鹿《ばか》！　そんな悠長なことしてれるか。」

悠長なことはしていられなかった。蟹が甲板に山積みになって、ゴソ〳〵爪《つめ》で床をならしていた。

そして、どん〳〵運び出されて、鮭《さけ》か鱒《ます》の菰包《こもづつ》みのように無雑作に、船尾につけてある発動機に積み込まれた。

「いゝか――？」

「よオ――し……。」

発動機がバタ〳〵動き出した。船尾で水が掻《か》き廻わされて、アブクが立った。

「じゃ……。」

「じゃ。」

「左様なら。」

「淋《さび》しいけどな――我慢してな。」低い声で云っている。

「じゃ、頼んだど！」

本船から、発動機に乗ったものに頼んだ。

「ん、ん、分った。」

発動機は沖の方へ離れて行った。

「じゃ、な！……。」

「行ってしまった。」

「麻袋の中で、行くのはイヤだ、イヤだってしてるようでな……眼に見えるようだ。」

――漁夫が漁から帰ってきた。そして監督の「勝手な」処置をきいた。それを聞くと、怒る前に、自分が――屍体《したい》になった自分の身体が、底の暗いカムサツカの海に、そういうように蹴落《けおと》されでもしたように、ゾッとした。皆はものも云えず、そのま、ゾロ〳〵タラップを下りて行った。「分った、分った。」口のなかで、ブツ〳〵云いながら、塩ぬれのドッたりした袢天《はんてん》を脱いだ。

八

表には何も出さない。気付かれないように手をゆるめて行く。監督がどんなに思いッ切り怒鳴り散らしても、タ、キつけて歩いても、口答えもせず「おとなしく」している。それを一日置きに繰りかえす。（初めは、おっかなびっくり、おっかなびっくりでしていたが。）——そういうようにして、「サボ」を続けた。水葬のことがあってから、モットその足並が揃《そろ》ってきた。

　仕事の高は眼の前で減って行った。

　中年過ぎた漁夫は、働かされると、一番それが身にこたえるのに、「サボ」にはイヤな顔を見せた。然し内心（！）心配していたことが起らずに、不思議でならなかったが、かえって「サボ」が効いてゆくのを見ると、若い漁夫達の云うように、動きかけてきた。

　困ったのは、川崎の船頭だった。彼等は川崎のことでは全責任があり、監督と平漁夫の間に居《お》り、「漁獲高」のことでは、すぐ監督に当って来られた。それで何よりつらかった。結局三分の一だけ「仕方なしに」漁夫の味方をして、後の三分の二は監督の小さい「出店」――その小さい「〇」だった。

「それア疲れるさ。工場のようにキチン、キチンと仕事がきまってるわけには行かないんだ。相手は生き物だ。蟹が人間様に都合よく、時間々々に出てきては呉《く》れないしな。仕方がないんだ。」――そっくり監督の蓄音機だった。

こんなことがあった――。糞壺で、寝る前に、何かの話が思いがけなく色々の方へ移って行った。その時ひょいと、船頭が威張ったことを云ってしまった。それは別に威張ったことではないが、「平」漁夫にはムッときた。相手の平漁夫が、そして、少し酔っていた。

「何んだって？」いきなり怒鳴った。「手前《てめ》え、何んだ。あまり威張ったことを云わねえ方がえゝんだで。漁に出たとき、俺達四、五人でお前えを海の中さタヽキ落す位朝飯前だんだ。――それッ切りだべよ。カムサツカだど。お前えがどうやって死んだって、誰が分るッて！」

そうは云ったものはない。それをガラ〳〵な大声でどなり立てゝしまった。誰も何も云わない。今迄話していた外のことも、そこでブッつり切れてしまった。

然し、こういうようなことは、調子よく跳ね上った空元気だけの言葉ではなかった。

それは今迄「屈従」しか知らなかった漁夫を、全く思いがけずに背から、とてつもない力で突きのめした。突きのめされて、漁夫は初め戸惑いしたようにウロ〳〵した。それが知られずにいた自分の力だ、ということを知らずに。

――そんなことが「俺達に」出来るだろうか？　然《しか》し成る程出来るんだ。

そう分ると、今度は不思議な魅力になって、反抗的な気持が皆の心に喰い込んで行った。今迄、残酷極まる労働で搾《しぼ》り抜かれていた事が、かえって其《そ》の為《ため》には此上《このうえ》ない良い地盤だった。――こうなれば、監督も糞もあったものでない！　皆愉快がった。一旦《いったん》この気持をつかむと、不意に、懐中電燈《でんとう》を差しつけられたように、自分達の蛆虫《うじむし》そのまゝの生活がアリ〳〵と見えてきた。

「威張んな、この野郎」この言葉が皆の間で流行《はや》り出した。何かすると「威張んな、この野郎」と云った。別なことにでも、すぐそれを使った。――威張る野郎は、然し漁夫には一人もいなかった。

それと似たことが一度、二度となくある。その度毎《たびごと》に漁夫達は「分って」行った。そして、それが重なってゆくうちに、そんな事で漁夫等の中から何時《いつ》でも表の方へ押し出されてくる、きまった三、四人が出来てきた。それは誰かゞ決めたのでなく、本当は又、きまったのでもなかった。たゞ、何か起ったり又しなければならなくなったりすると、その三、四人の意見が皆のと一致したし、それで皆もその通り動くようになった。――学生上りが二人程、吃《ども》りの漁夫、「威張んな」の漁夫などがそれだった。学生が鉛筆をなめ、なめ、一晩中腹這《はらば》いになって、紙に何か書いていた。――それは学生の「発案」だった。

発　案（責任者の図）

A……B……C

二人の学生 ｝ 雑夫の方一人 国別にして、各〻その内の餓鬼大将を一人ずつ
吃りの漁夫 ｝ 川崎船の方二人　各川崎船に二人ずつ
「威張んな」 ｝ 水夫の方一人 ｝ 水、火夫の諸君
火夫の方一人

A ⇄ B ⇄ C ⇄（全部の諸君）

学生はどんなもんだいと云った。どんな事がAから起ろうが、Cから起ろうが、電気より早く、ぬかりなく「全体の問題」にすることが出来る、と威張った。それが、そして一通りきめられた。――実際は、それはそう容易《たやす》くは行われなかったが。

「殺されたくないものは来れ！」――その学生上りの得意の宣伝語だった。毛利《もうり》元就《もとなり》

の弓矢を折る話や、内務省かのポスターで見たことのある「綱引き」の例をもってきた。「俺達四、五人いれば、船頭の一人位海の中へタ、キ落すなんか朝飯前だ。元気をだすんだ。」

「一人と一人じゃ駄目だ。危い。だが、あっちは船長から何からを皆んな入れて十人にならない。処《とこ》がこっちは四百人に近い。四百人が一緒になれば、もうこっちのものだ。十人に四百人！　相撲になるなら、やってみろ、だ。」そして最後に「殺されたくないものは来れ！」だった。――どんな「ボンクラ」でも「飲んだくれ」でも、自分達が半殺しにされるような生活をさせられていることは分っていたし、（現に、眼の前で殺されてしまった仲間のいることも分っている。）それに、苦しまぎれにやったチョコ〳〵した「サボ」が案外効き目があったので学生上りや吃りのいうことも、よく聞き入れられた。

一週間程前の大嵐《おおあらし》で、発動機船がスクリュウを毀《こわ》してしまった。それで修繕のために、雑夫長が下船して、四、五人の漁夫と一緒に陸へ行った。帰ってきたとき、若い漁夫がコッソリ日本文字で印刷した「赤化宣伝」のパンフレットやビラを沢山持ってきた。「日本人が沢山こういうことをやっているよ。」と云った。――自分達の賃銀や、労働時間の長さのことや、会社のゴッソリした金儲《かねもう》けのことや、ストライキのことなどが書かれているので、皆は面白がって、お互に読んだり、ワケを聞き合ったりした。然し、中にはそれに書いてある文句に、かえって反撥《はんぱつ》を感じて、こんな恐ろしいことなんか「日本人」に出来るか、というものがいた。

が、「俺アこれが本当だと思うんだが。」と、ビラを持って学生上りのところへ訊《き》きに来た漁夫もいた。

「本当だよ。少し話大きいどもな。」

「んだって、こうでもしなかったら、浅川の性《しょ》ッ骨《ぼね》直るかな。」と笑った。「それに、彼奴《あいつ》等からはモットひどいめに合わされてるから、これで当り前だべよ！」

漁夫達は、飛んでもないものだ、と云いながら、その「赤化運動」に好奇心を持出していた。

嵐の時もそうだが、霧が深くなると、川崎船を呼ぶために、本船では絶え間なしに汽笛を鳴らした。巾広い、牛の啼声《なきごえ》のような汽笛が、水のように濃くこめた霧の中を一時間も二時間もなった。――然しそれでも、うまく帰って来れない川崎船があった。ところが、そんな時、仕事の苦しさからワザと見当を失った振りをして、カムサツカに漂流したものがあった。秘密に時々あった。ロシアの領海内に入って、漁をするようになってから、予《あらかじ》め陸に見当をつけて置くと、案外容易く、その漂流が出来た。その連中も「赤化」のことを聞いてくるものがあった。

——何時でも会社は漁夫を雇うのに細心の注意を払った。募集地の村長さんや、署長さんに頼んで「模範青年」を連れてくる。労働組合などに関心のない、云いなりになる労働者を選ぶ。「抜け目なく」万事好都合に！　然し、蟹工船の「仕事」は、今では丁度逆に、それ等の労働者を団結——組織させようとしていた。いくら「抜け目のない」資本家でも、この不思議な行方までには気付いていなかった。それは、皮肉にも、未組織の労働者、手のつけられない「飲んだくれ」労働者をワザ〳〵集めて、団結することを教えてくれているようなものだった。

九

監督は周章《あわ》て出した。

漁期の過ぎてゆく其の毎年の割に比べて、蟹《かに》の高はハッキリ減っていた。他の船の様子をきいてみても、昨年よりはもっと成績がい、らしかった。二千函《ばこ》は遅れている。——監督は、これではもう今迄のように「お釈迦《しゃか》様」のようにしていたって駄目だ、と思った。

本船は移動することにした。監督は絶えず無線電信を盗みきかせ、他の船の網でもかまわずドン／＼上げさせた。二十浬《かいり》ほど南下して、最初に上げた渋網には、蟹がモリ／＼と網の目に足をひっかけてか丶っていた。たしかに××丸のものだった。

「君のお蔭《かげ》だ。」と、彼は監督らしくなく、局長の肩をた丶いた。

網を上げている所を見付けられて、発動機が放々の態《てい》で逃げてくることもあった。他船の網を手当り次第に上げるようになって、仕事が尻上《しりあが》りに忙がしくなった。

> 仕事を少しでも怠けたと見るときには大焼きを入れる。
> 組をなして怠けたものにはカムサツカ体操をさせる。
> 罰として賃銀棒引き、
> 函館へ帰ったら、警察に引き渡す。
> いやしくも監督に対し、少しの反抗を示すときは銃殺されるものと思うべし。
> 　浅川監督
> 雑夫長

この大きなビラが工場の降り口に貼《は》られた。監督は弾をつめッ放しにしたピストルを始終持っていた。飛んでもない時に、皆の仕事をしている頭の上で、鷗《かもめ》や船の何処《どこ》かに見当をつけて、「示威運動」のように打った。ギョッとする漁夫を見て、ニヤ〳〵笑った。それは全く何かの拍子に「本当」に打ち殺されそうな不気味な感じを皆にひらめかした。

水夫、火夫も完全に動員された。勝手に使いまわされた。船長はそれに対して一言も云《い》えなかった。船長は「看板」になってさえいれば、それで立派な一役だった。前にあったことだった――領海内に入って漁をするために、船を入れるように船長が強要された。船長は船長としての公の立場から、それを犯すことは出来ないと頑張った。「勝手にしやがれ！」「頼まないや！」と云って、監督等が自分達で、船を領海内に転錨《てんびょう》さしてしまった。ところが、それが露国の監視船に見付けられて、追跡された。そして訊問《じんもん》になり、自分がしどろ、もどろになると、「卑怯《ひきょう》」にも退却してしまった。「そういう一切のことは、船としては勿論《もちろん》船長がお答えすべきですから……。」無理矢理に押しつけてしまった。全く、この看板は、だから必要だった。それだけでよかった。

そのことがあってから、船長は船を函館に帰そうと何辺も思った。が、それをそうさせない力が——資本家の力が、やっぱり船長をつかんでいた。

「この船全体が会社のものなんだ、分ったか！」ウアハ、、、、、と、口を三角にゆがめて、背のびするように、無遠慮に大きく笑った。

——「糞壺《くそつぼ》」に帰ってくると、吃りの漁夫は仰向けにでんぐり返った。残念で、残念で、たまらなかった。漁夫達は、彼や学生などの方を気の毒そうに見るが、何も云えない程グッしゃりつぶされてしまっていた。学生の作った組織も反古《ほご》のように、役に立たなかった。——それでも学生は割合に元気を保っていた。

「何かあったら跳ね起きるんだ。その代り、その何かをうまくつかむことだ。」と云った。

「これでも跳ね起きられるかな。」——威張んなの漁夫だった。

「かな——？　馬鹿《ばか》。こっちは人数が多いんだ。恐れることはないさ。それに彼奴等《あいつ》が無茶なことをすればする程、今のうちこそ内へ、内へとこもっているが、火薬よりも強い不平と不満が皆の心の中に、つまりにい、だけつまっているんだ。——俺はそいつを頼りにしているんだ。」

「道具立てはい、な。」威張んなは「糞壺」の中をグル〳〵見廻わして、

「そんな奴等《やつ》がいるかな。どれも、これも…………。」愚痴ッぽく云った。

「俺達から愚痴ッぽかったら――もう、最後だよ。」

「見れ、お前えだけだ、元気のえゝのア。――今度事件起してみれ、生命《いのち》がけだ。」

学生は暗い顔をした。「そうさ……。」と云った。

監督は手下を連れて、夜三回まわってきた。三、四人固っていると、怒鳴りつけた。それでも、まだ足りなく、秘密に自分の手下を「糞壺」に寝《ね》むらせた。

――「鎖」が、たゞ、眼に見えないだけの違いだった。皆の足は歩くときには、吋《インチ》太《ぶと》の鎖を現実に後に引きずッているように重かった。

「俺ア、キット殺されるべよ。」

「ん。んでも、どうせ殺されるッて分ったら、その時アやるよ。」

芝浦の漁夫が、

「馬鹿！」と、横から怒鳴りつけた。「殺されるッて分ったら？　馬鹿ア、何時だ、それア。――今、殺されているんでねえか。小刻みによ。彼奴等はな、上手なんだ。ピストルは今にもうつように、何時でも持っているが、なか〳〵そんなヘマはしないんだ。あれア「手」なんだ。――分るか。彼奴等は、俺達を殺せば、自分等の方で損するんだ。目的は――本当の目的は、俺達をウンと働かせて、締木にかけて、ギイ〳〵搾り上げて、しこたま儲けることなんだ。そいつを今俺達は毎日やられてるんだ。――どうだ、この滅茶苦茶《めちゃくちゃ》は。まるで蚕に食われている桑の葉のように、俺達の身体が殺されているんだ。」

「んだな！」

「んだな、も糞もあるもんか。」厚い掌《てのひら》に、煙草《たばこ》の火を転がした。「ま、待ってれ、今に、畜生！」

あまり南下して、身体《がら》の小さい女蟹ばかり多くなったので、場所を北の方へ移動することになった。それで皆は残業をさせられて、少し早目に（久し振りに！）仕事が終った。

皆が「糞壺」に降りて来た。

「元気ねえな。」芝浦だった。

「こら、足ば見てけれや。ガク、ガクッって、段ば降りれなくなったで。」

「気の毒だ。それでもまだ一生懸命働いてやろうッてんだから。」

「誰が！――仕方ねんだべよ。」

芝浦が笑った。「殺される時も、仕方かないか、仕方がねえか。」

「…………。」

「まあ、このまゝ行けば、お前こゝ四、五日だな。」

相手は拍子に、イヤな顔をして、黄色ッぽくムクンだ片方の頬と眼蓋《まぶた》をゆがめた。そして、だまって自分の棚のところへ行くと、端へ膝《ひざ》から下の足をブラ下げて、関節を掌刀《てがたな》でたゝいた。

――下で、芝浦が手を振りながら、しゃべっていた。吃《ども》りが、身体《からだ》をゆすりながら、相槌《あいづち》を打った。

「……いゝか、まア仮りに金持が金を出して作ったから、船があるとしてもいゝさ。水夫と火夫がいなかったら動くか。蟹が海の底に何億っているさ。仮りにだ、色々な仕度をして、此処《ここ》まで出掛けてくるのに、金持が金を出せたからとしてもいゝさ。俺達が働かなかったら、一匹の蟹だって、金持の懐《ふところ》に入って行くか。いゝか、俺達がこの一夏こゝで働いて、それで一体どの位金が入ってくる。ところが、金持はこの船一艘《そう》で純手取り四、五十万円ッて金をせしめるんだ。――さあ、んだら、その金の出所だ。無から有は生ぜじだ。――分るか。なア、皆んな俺達の力さ。――んだから、そう今にもお陀仏《だぶつ》するような不景気な面《つら》してるなって云うんだ。うんと威張るんだ。底の底のことになれば、うそでない、あっちの方が俺達をおッかながってるんだ。ビクビクすんな。

水夫と火夫がいなかったら、船は動かないんだ。――労働者が働かねば、ビタ一文だって、金持の懐にゃ入らないんだ。さっき云った船を買ったり、道具を用意したり、仕度をする金も、やっぱり他の労働者が血をしぼって、儲けさせてやった――俺達からしぼり取って行きやがった金なんだ。――金持と俺達とは親と子なんだ……。」

監督が入ってきた。

皆ドマついた恰好《かっこう》で、ゴソ〳〵し出した。

十

空気が硝子《ガラス》のように冷たくて、塵《ちり》一本なく澄んでいた。――二時で、もう夜が明けていた。カムサツカの連峰が金紫色に輝いて、海から二、三寸位の高さで、地平線を南に長く走っていた。小波《さざなみ》が立って、その一つ一つの面が、朝日を一つ一つうけて、夜明けらしく、寒々と光っていた。――それが入り乱れて砕け、入り交れて砕ける。その度にキラ〳〵、と光った。鷗の啼声が（何処にいるのか分らずに、）声だけしていた。――さわやかに、寒かった。荷物にかけてある、油のにじんだズックのカヴァが時々ハタ〳〵となった。分らないうちに、風が出てきていた。

袢天《はんてん》の袖《そで》に、カヾシのように手を通しながら、漁夫が段々を上ってきて、ハッチから首を出した。首を出したまゝ、はじかれたように叫んだ。

「あ、兎《うさぎ》が飛んでる。——これア大暴風《おおしけ》になるな。」

三角波が立ってきていた。カムサツカの海に慣れている漁夫には、それが直《す》ぐ分る。

「危ねえ、今日休みだべ。」

一時間程してからだった。

川崎船を降ろすウインチの下で、其処《そこ》、此処七、八人ずつ漁夫が固っていた。川崎船はどれも半降ろしになったまゝ、途中で揺れていた。肩をゆすりながら海を見て、お互云い合っている。

一寸《ちよつと》した。

「やめた〳〵！」

「糞でも喰え、だ！」

誰かキッカケにそういうのを、皆は待っていたようだった。

肩を押し合って、「おい、引き上げるべ！」と云った。

「ん。」

「ん、ん！」

一人がしかめた眼差《まなざし》で、ウインチを見上げて、「然《しか》しな……。」と躊躇《ため》らっている。

行きかけたのが、自分の片肩をグイとしゃくって、

「死にたかったら、独りで行げ《え》よ！」と、ハキ出した。

皆は固《かたま》って歩き出した。誰か「本当にいゝかな。」と、小声で云っていた。二人程、あやふやに、遅れた。

次のウインチの下にも、漁夫達は立ちどまったまゝでいた。彼等は第二号川崎の連中が、こっちに歩いてくるのを見ると、その意味が分った。四、五人が声をあげて手を振った。

「やめだ、やめだ！」

「ん、やめだ！」

その二つが合わさると、元気が出てきた。どうしようか分らないでいる遅れた二、三人は、まぶしそうに、こっちを見て、立ち止っていた。皆が第五川崎のところで、又一緒になった。それ等を見ると、遅れたものはブツ〳〵云いながら後から、歩き出した。

吃りの漁夫が振りかえって、大声で呼んだ。「しっかりせッ！」

雪だるまのように、漁夫達のかたまりがコブをつけて、大きくなって行った。皆の前や後を、学生や吃りが行ったり、来たり、しきりなしに走っていた。「い、か、はぐれないことだど！　何よりそれだ。もう、大丈夫だ。もう――！」

煙筒の側《そば》に、車座に坐《すわ》って、ロープの繕いをやっていた水夫が、のび上って、

「どうした。オ――イ？」と怒鳴った。

皆はその方へ手を振りあげて、ワアーッと叫んだ。上から見下している水夫達には、それが林のように揺れて見えた。

「よオし、さ、仕事なんてやめるんだ！」

ロープをさっさと片付け始めた。「待ってたんだ！」

そのことが漁夫達の方にも分った。二度、ワアーッと叫んだ。

「まず糞壺さ引きあげるべ。」

「そうするべ。――非道《ひで》え奴だ。ちゃんと大暴風《おおしけ》になること分っていて、それで船を出させるんだからな。――人殺しだべ！」

「あったら奴に殺されて、たまるけア！」

「今度こそ、覚えてれ！」

殆《ほと》んど一人も残さないで、糞壺へ引きあげてきた。中には「仕方なしに」随《つ》いて来

たものもいるにはいた。

――皆のドカ〳〵ッと入り込んできたのに、薄暗いところに寝ていた病人が、吃驚《びっくり》して板のような上半身を起した。ワケを話してやると、見る〳〵眼に涙をにじませて何度も、何度も頭を振ってうなずいた。

吃りの漁夫と学生が、機関室の縄梯子《なわばしご》のようなタラップを下りて行った。急いでいたし、慣れていないので、何度も足をすべらして、危く、手で吊下《つりさが》った。中はボイラーの熱でムンとして、それに暗かった。彼等はすぐ身体中汗まみれになった。汽罐《かま》の上のストーヴのロストルのような上を渡って、またタラップを下った。下で何か声高にしゃべっているのが、ガン、ガーンと反響していた。――地下何百尺という地獄のような竪坑《たてこう》を初めて下りて行くような無気味さを感じた。

「これもつれえ仕事だな。」

「んよ、それに又、か、甲板さ引っぱり出されて、か、蟹《かに》た、きでも、さ、されたら、たまったもんでねえさ。」

「大丈夫、火夫も俺達の方だ！」

「ん、大丈――夫！」

ボイラーの腹を、タラップでおりていた。

「熱い、熱い、たまんねえな。人間の燻製《くんせい》が出来そうだ。」

「冗談じゃねえど。今火たいていねえ時で、こんだんだど。燃《た》いてる時なんて！」

「んか、な。んだべな。」

「印度《インド》の海渡る時ア、三十分交代で、それでヘナヘナになるてんだとよ。ウッカリ文句をぬかした一機が、シャベルで滅多矢鱈《やたら》にた、きのめされて、あげくの果て、ボイラーに燃かれてしまうことがあるんだとよ。――そうでもしたくなるべよ！」

「んな……。」

汽罐《かま》の前では、石炭カスが引き出されて、それに水でもかけたらしく、濛々《もうもう》と灰が立ちのぼっていた。その側で、半分裸の火夫達が、煙草をくわえながら、膝を抱えて話していた。薄暗い中で、それはゴリラがうずくまっているのと、そっくりに見えた。石炭庫の口が半開きになって、ひんやりした真暗な内を、無気味に覗《のぞ》かせていた。

「おい。」吃りが声をかけた。

「誰だ？」上を見上げた。――それが「誰だ――誰だ、――誰だ」と三つ位に響きかえって行く。

そこへ二人が降りて行った。二人だということが分ると、

「間違ったんでねえか、道を。」と、一人が大声をたてた。

「ストライキやったんだ。」

「ストキがどうしたって？」

「ストキでねえ、ストライキだ。」

「やったか！」

「そうか。このま、どん〳〵火でもブッ燃《た》いて、函館さ帰ったらどうだ。面白いど。」

吃りは「しめた！」と思った。

「んで、皆勢揃《せいぞろ》えした所で、畜生等にねじ込もうッて云《い》うんだ。」

「やれ、やれ！」

「やれ〳〵じゃねえ。やろう、やろうだ。」

学生が口を入れた。

「んか、んか、これア悪かった。——やろう〳〵！」火夫が石炭の灰で白くなっている頭をかいた。

皆笑った。

「お前達の方、お前達ですっかり一纏《ひとまと》めにして貰《もら》いたいんだ。」

「ん、分った。大丈夫だ。何時《いっ》でも一つ位え、ブンなぐってやりてえと思ってる連中ばかりだから。」

――火夫の方はそれでよかった。

雑夫達は全部漁夫のところに連れ込まれた。一時間程するうちに、火夫と水夫も加わってきた。皆甲板に集った。「要求条項」は、吃り、学生、芝浦、威張んなが集ってきめた。それを皆の面前で、彼等につきつけることにした。

監督達は、漁夫達が騒ぎ出したのを知ると――それからちっとも姿を見せなかった。

「おかしいな。」

「これア、おかしい。」

「ピストル持ってたって、こうなったら駄目だべよ。」

吃りの漁夫が、一寸高い処《ところ》に上った。皆は手を拍《たた》いた。

「諸君、とう〳〵来た！　長い間、長い間俺達は待っていた。俺達は半殺しにされながらも、待っていた。今に見ろ、と。しかし、とう〳〵来た。

諸君、まず第一に、俺達は力を合わせることだ。俺達は何があろうと、仲間を裏切らないことだ。これだけさえ、しっかりつかんでいれば、彼奴等《あいつ》如《ごと》きをモミつぶすは、虫ケラより容易《たやす》いことだ。――そんならば、第二には何か。諸君、第二にも力を合わせることだ。落伍者《らくごしゃ》を一人も出さないということだ。一人の裏切者、一人の寝がえり者を出さないということだ。たった一人の寝がえりものは、三百人の命を殺すという事を知らなければならない。一人の寝がえり……（「分った、分った。」「大丈夫だ。」「心配しないで、やってくれ。」）……

「俺達の交渉が彼奴等を夕、きのめせるか、その職分を完全につくせるかどうかは、一に諸君の団結の力に依《よ》るのだ。」

続いて、火夫の代表が立ち、水夫の代表が立った。火夫の代表は、普段一度も云ったこともない言葉をしゃべり出して、自分でどまついてしまった。つまる度に赤くなり、ナッパ服の裾《すそ》を引張ってみたり、すり切れた穴のところに手を入れてみたり、ソワ〳〵した。皆はそれに気付くとデッキを足踏みして笑った。

「……俺アもうやめる。然し、諸君、彼奴等はブンなぐってしまうべよ！」と云って、壇を下りた。

ワザと、皆が大げさに拍手した。

「其処だけでよかったんだ。」後で誰かひやかした。それで皆は一度にワッと笑い出してしまった。

火夫は、夏の真最中に、ボイラーの柄の長いシャベルを使うときよりも、汗をびっしょりかいて、足元さえ頼りなくなっていた。降りて来たとき、「俺何しゃべったかな？」と仲間にきいた。

学生が肩をたゝいて、「い、、い、。」と云って笑った。

「お前えだ、悪いのア。別にいたのによ、俺でなくたって……。」

「皆さん、私達は今日の来るのを待っていたんです。」――壇には十五、六歳の雑夫が立っていた。「皆さんも知っている、私達の友達がこの工船の中で、どんなに苦しめられ、半殺しにされたか。夜になって薄ッぺらい布団《ふとん》に包《くる》まってから、家《うち》のことを思い出して、よく私達は泣きました。此処《ここ》に集っているどの雑夫にも聞いてみて下さい。一晩だって泣かない人はいないのです。そして又一人だって、身体《からだ》に生キズのないものはいないのです。もう、こんな事が三日も続けば、キット死んでしまう人もいます。――ちょっとでも金のある家ならば、まだ学校に行けて、無邪気に遊んでいれる年頃の私達は、こんなに遠く……（声がかすれる。吃《ども》り出す。抑えられたように静かになった。）然し、もうい、んです。大丈夫です。大人の人に助けて貰って、私達は憎い憎い、彼奴等に仕返ししてやることが出来るのです……。」

それは嵐《あらし》のような拍手を惹《ひ》き起した。手を夢中にたゝきながら、眼尻《めじり》を太い指先きで、ソッと拭《ぬぐ》っている中年過ぎた漁夫がいた。

　学生や、吃りは、皆の名前をかいた誓約書を廻わして、捺印《なついん》を貰って歩いた。

　学生二人、吃り、威張んな、芝浦、火夫三名、水夫三名が、「要求条項」と「誓約書」を持って、船長室に出掛けること、その時には表で示威運動をすることが決った。――陸の場合のように、住所がチリ〳〵バラ〳〵になっていないこと、それに下地が充分にあったことが、スラ〳〵と運ばせた。ウソのように、スラ〳〵纏った。

「おかしいな、何んだって、あの鬼顔出さないんだべ。」

「やっきになって、得意のピストルでも打つかと思ってたどもな。」

　三百人は吃りの音頭で、一斉に「ストライキ万歳」を三度叫んだ。学生が「監督の野郎、この声聞いて震えてるだろう！」と笑った。――船長室へ押しかけた。

　監督は片手にピストルを持ったまゝ、代表を迎えた。船長、雑夫長、工場代表……などが、今迄《まで》たしかに何か相談をしていたらしいことがハッキリ分るそのまゝの恰好《かっこう》で、迎えた。監督は落付いていた。

　入ってゆくと、

「やったな。」とニヤ〳〵笑った。

　外では、三百人が重なり合って、大声をあげ、ドタ、ドタ足踏みをしていた。監督は「うるさい奴《やつ》だ！」とひくい声で云った。が、それ等には気もかけない様子だった。代表が興奮して云うのを一通りきいてから、「要求条項」と、三百人の「誓約書」を形式的にチラ〱見ると、

「後悔しないか。」と、拍子抜けのするほど、ゆっくり云った。

「馬鹿《ばか》野郎ッ！」と吃りがいきなり監督の鼻ッ面《つら》を殴りつけるように怒鳴った。

「そうか、いゝ。――後悔しないんだな。」

そう云って、それから一寸調子をかえた。「じゃ、聞け。いゝか。明日の朝にならないうちに、色よい返事をしてやるから。」――だが、云うより早かった、芝浦が監督のピストルをタゝキ落すと、拳骨《げんこつ》で頬をなぐりつけた。監督がハッと思って、顔を押えた瞬間、吃りがキノコのような円椅子《まるいす》で横なぐりに足をさらった。監督の身体はテーブルに引っかゝって、他愛なく横倒れになった。その上に四本の足を空にして、テーブルがひっくりかえって行った。

「色よい返事だ？　この野郎、フザけるな！　生命にかけての問題だんだ！」

芝浦は巾の広い肩をけわしく動かした。水夫、火夫、学生が二人をとめた。船長室の窓が凄《すご》い音を立て、壊れた。その瞬間、「殺しちまい！」「打《ぶ》ッ殺せ！」「のせ！のしちまえ！」外からの叫び声が急に大きくなって、ハッキリ聞えてきた。――何時

の間にか、船長や雑夫長や工場代表が室の片隅の方へ、固まり合って棒杭《ぼうぐい》のようにつッ立っていた。顔の色がなかった。

ドアーを壊して、漁夫や、水、火夫が雪崩《なだ》れ込んできた。

昼過ぎから、海は大嵐になった。そして夕方近くになって、だん〳〵静かになった。

「監督をたゝきのめす！」そんなことがどうして出来るもんか、そう思っていた。ところが！　自分達の「手」でそれをやってのけたのだ。普段おどかし看板にしていたピストルさえ打てなかったではないか。皆はウキ〳〵と噪《はしや》いでいた。——代表達は頭を集めて、これからの色々な対策を相談した。「色よい返事」が来なかったら、「覚えてろ！」と思った。

薄暗くなった頃だった。ハッチの入口で、見張りをしていた漁夫が、駆逐艦がやってきたのを見た。——周章《あわ》て、「糞壺《くそつぼ》」に馳《か》け込んだ。

「しまったッ!!」学生の一人がバネのようにはね上った。見る〳〵顔の色が変った。

「感違いするなよ。」吃りが笑い出した。「この、俺達の状態や立場、それに要求などを、士官達にくわしく説明して援助をうけたら、かえってこのストライキは有利に解決がつく。分りきったことだ。」

外のものも、「それアそうだ。」と同意した。

「我帝国の軍艦だ。俺達国民の味方だろう。」

「いや、いや……」学生は手を振った。余程のショックを受けたらしく、唇を震わせている。言葉が吃った。

「国民の味方だって？……いや〳〵……。」

「馬鹿な！――国民の味方でない帝国の軍艦、そんな理窟《りくつ》なんてある筈《はず》があるか!?」

「駆逐艦が来た！」「駆逐艦が来た！」という興奮が学生の言葉を無理矢理にもみ潰《つぶ》してしまった。

皆はドヤ〳〵と「糞壺」から甲板にかけ上った。そして声を揃えていきなり、「帝国軍艦万歳」を叫んだ。

タラップの昇降口には、顔と手にホータイをした監督や船長と向い合って、吃り、芝浦、威張んな、学生、水、火夫等が立った。薄暗いので、ハッキリ分らなかったが、駆逐艦からは三艘《そう》汽艇が出た。それが横付けになった。十五、六人の水兵が一杯つまっていた。それが一度にタラップを上ってきた。

呀《あ》ッ！　着剣《つけけん》をしているではないか！　そして帽子の顎紐《あごひも》をかけている！

「しまった！」そう心の中で叫んだのは、吃りだった。

次の汽艇からも十五、六人。その次の汽艇からも、やっぱり銃の先きに、着剣した、顎紐をかけた水兵！　それ等は海賊船にでも躍り込むように、ドカ〳〵ッと上ってくると、漁夫や水、火夫を取り囲んでしまった。

「しまった！　畜生、やりやがったな！」

芝浦も、水、火夫の代表も初めて叫んだ。

「ざま、見やがれ！」――監督だった。ストライキになってからの、監督の不思議な態度が初めて分った。だが、遅かった。

「有無」を云わせない。「不届者」「不忠者」「露助の真似《まね》する売国奴」そう罵倒《ばとう》されて、代表の九人が銃剣を擬されたまゝ、駆逐艦に護送されてしまった。それは皆がワケが分らず、ぼんやり見とれている、その短い間だった。全く有無を云わせなかった。

――一枚の新聞紙が燃えてしまうのを見ているより、他愛なかった。

――簡単に「片付いてしまった。」

「俺達には、俺達しか、味方が無《ね》えんだな。始めて分った。」

「帝国軍艦だなんて、大きな事を云ったって大金持の手先でねえか、国民の味方？

おかしいや、糞喰えだ！」

水兵達は万一を考えて、三日船にいた。その間中、上官連は、毎晩サロンで、監督達と一緒に酔払っていた。――「そんなものさ。」

いくら漁夫達でも、今度という今度こそ、「誰が敵」であるか、そしてそれ等が（全く意外にも！）どういう風に、お互が繋《つな》がり合っているか、ということが身をもって知らされた。

毎年の例で、漁期が終りそうになると、蟹罐詰《かにかんづめ》の「献上品」を作ることになっていた。然《しか》し「乱暴にも」何時でも、別に斎戒沐浴《もくよく》して作るわけでもなかった。その度に、漁夫達は監督をひどい事をするものだ、と思って来た。――だが、今度は異《ちが》ってしまっていた。

「俺達の本当の血と肉を搾《しぼ》り上げて作るものだ。フン、さぞうめえこったろ。食ってしまってから、腹痛でも起さねえばい、さ。」

皆そんな気持で作った。

「石ころでも入れておけ！――かもうもんか！」

「俺達には、俺達しか味方が無えんだ。」

それは今では、皆の心の底の方へ、底の方へ、と深く入り込んで行った。――「今に見ろ！」

然し「今に見ろ」を百遍繰りかえして、それが何になるか。――ストライキが惨《みじ》めに敗れてから、仕事は「畜生、思い知ったか」とばかりに、過酷になった。それは今迄の過酷にもう一つ更に加えられた監督の復仇《ふっきゅう》的な過酷さだった。限度というもの、一番極端を越えていた。――今ではもう仕事は堪え難いところまでに行っていた。

「――間違っていた。あゝやって、九人なら九人という人間を、表に出すんでなかった。まるで、俺達の急所はこゝだ、と知らせてやってるようなものではないか。俺達全部は、全部が一緒にやった、という風にやらなければならなかったのだ。そしたら監督だって、駆逐艦に無電は打てなかったろう。まさか、俺達全部を引渡してしまうなんて事、出来ないからな。仕事が、出来なくなるもの。」

「そうだな。」

「そうだよ。今度こそ、このまゝ仕事していたんじゃ、俺達本当に殺されるよ。犠牲者を出さないように全部で、一緒にサボルことだ。この前と同じ手で。吃りが云《い》ったでないか、何より力を合わせることだって。それに力を合わせたらどんなことが出来たか、ということも分っている筈だ。

「それでも若《も》し駆逐艦を呼んだら、皆で――この時こそ力を合わせて、一人も残らず引渡されよう！　その方がかえって助かるんだ。」

「んかも知らない。然し考えてみれば、そんなことになったら、監督が第一周章てるよ、会社の手前。代りを函館から取り寄せるのには遅すぎるし、出来高だって問題にならない程少ないし。……うまくやったら、これア案外大丈夫だど。」

「大丈夫だよ。それに不思議に誰だって、ビク／＼していないしな。皆、畜生！　ッて気でいる。」

「本当のこと云えば、そんな先の成算なんて、どうでもいゝんだ。――死ぬか、生きるか、だからな。」

「ん、もう一回だ！」

そして、彼等は、立ち上った。――もう一度！

附記

この後のことについて、二、三附け加えて置こう。

イ、二度目の、完全な「サボ」は、マンマと成功したということ。「まさか」と思っていた、面喰った監督は、夢中になって無電室にかけ込んだが、ドアーの前で立ち往生してしまったこと、どうしてい丶か分らなくなって。

ロ、漁期が終って、函館へ帰港したとき、「サボ」をやったりストライキをやった船は、博光丸だけではなかったこと。二、三の船から「赤化宣伝」のパンフレットが出たこと。

ハ、それから監督や雑夫長等が、漁期中にストライキの如《ごと》き不祥事を惹起《ひきおこ》させ、製品高に多大の影響を与えたという理由のもとに、会社があの忠実な犬を「無慈悲」に涙銭一文くれず、（漁夫達よりも惨《みじ》めに！）首を切ってしまったということ。面白いことは、「あ――あ、口惜《くや》しかった！　俺ア今迄《まで》、畜生、だまされていた！」と、あの監督が叫んだということ。

ニ、そして、「組織」「闘争」――この初めて知った偉大な経験を荷《にな》って、漁夫、年若い雑夫等が、警察の門から色々な労働の層へ、それ〴〵入り込んで行ったということ。

——この一篇は、「殖民地に於《お》ける資本主義侵入史」の一頁《ページ》である。

（一九二九・三・三〇）

党生活者

一

洗面所で手を洗っていると、丁度窓の下を第二工場の連中が帰りかけたとみえて、ゾロ〳〵と板草履や靴バキの音と一緒に声高な話声が続いていた。

「まだか？」

その時、後に須山が来ていて、言葉をかけた。彼は第二工場だった。私は石鹸《せっけん》だらけになった顔で振りかえって、心持眉《まゆ》をしかめた。――それは、前々から須山との約束で、工場から一緒に帰ることはお互避けていたからである。そんな事をすれば、他の人の眼につくし、万一のことがあった時には一人だけの犠牲では済まないからであった。ところが、須山は時々その約束を破った。そして、「やアあまり怒るなよ」そんなことを云《い》って、人なつこく笑った。須山はどっちかと云えば調子の軽い、仲々愛《あい》嬌《きょう》のある、憎めないたちの男だったので、私はその度に苦笑した。が、今は時期が時期だし、私は強《き》つい顔をみせたのである。それに今日これから新しいメンバーを誘って、何処《どこ》かの「しるこ屋」に寄る予定にもなっていた……。が、フト見ると、ひょウきんな何時《いつ》もの須山の顔ではない。私はその時私たちのような仕事をしているものゝみが持っているあの「予感」を突嗟《とつさ》に感じて、――「あ直《す》ぐだ」と云って、ザブ〱と顔を洗った。

　相手にそれと分ったと思うと須山は急に調子をかえて、「キリンでゞも一杯やるか」と後から云った。が、それには一応何時もの須山らしい調子があるようで、しかし如《い》何《か》にも取ってつけた只《ただ》ならぬさがあった。それが直接《じか》に分った。

　外へ出ると、さすがに須山は私より五六間先きを歩いた。工場から電車路《でんしゃみち》に出るところは、片方が省線の堤で他方が商店の屋並に狭められて、細い道だった。その二本目の電柱に、背広が立って、こっちを見ていた。見ているような見ていないようなイヤな見方だ。私は直ぐ後から来る五六人と肩をならべて話しながら、左の眼の隅に背広を置いて、油断をしなかった。背広はどっちかと云えば、毎日のおきまり仕事にうんざりして、どうでもいゝような物ぐさな態度だった。彼等はこの頃では毎日、工場の出《で》と退《ひ》けに張り込んでいた。須山はその直ぐ横を如何にも背広を小馬鹿《こばか》にしたように、外開《そとびら》きの足をツン、ツンと延ばして歩いてゆく。それがこっちから見ていると分るので、可笑《おか》しかった。

電車路の雑沓《ざっとう》に出てから、私は須山に追いついた。彼は鼻をこすりながら、何気ない風に四囲を見廻わし、それから、

「どうもおかしいんだ……」

と云う。

私は須山の口元を見た。

「上田がヒゲと切れたんだ……！」

「何時だ？」

私が云った。

「昨日。」

ヒゲは「予備線」など取って置く必要のない男だとは分っていたが、

「予備はあったのか？」と訊《き》いた。

「取っていたそうだ。」

彼の話によると、昨日の連絡は殊《こと》の外重要な用事があり、それは一日遅れるかどうかで大変な手違いとなるので、S川とM町とA橋この三つの電車停留所の間の街頭を使い、それもその前日二人で同じ場所を歩いて「此処《ここ》から此処まで」と決め、めずらしいことにはヒゲは更に「万一のことがあったら困る」というので、通りがかりに自

分から安全そうな喫茶店を決め、街頭で会えなかったら二十分後に其処《そこ》にしようと云い、しかも別れる時お互の時計を合せたそうである。「ヒゲ」そう呼ばれているこの同志は私達の一番上のポストにいる重要なキャップだった。今迄《まで》ほゞ千回の連絡をとったうち、（それが全部街頭ばかりだったが）自分から遅れたのはたった二回という同志だった。我々のような仕事をしている以上それは当然のことではあるが、そういう男はそんなにザラには居なかった。しかもその二回というのが、一度は両方に思い違いがあったからで、時間はやっぱり正確に出掛けて行っているのである。モウ一度はその日の午後になってから時計に故障があったことを知らなかったからであった。他のものならば一度位来ないとしても、それ程ではなかったが、ヒゲが来ない、予備にまで来ないという事は私達には全たく信ぜられなかった。

「今日はどうなんだ？」

「ウン、昨日と同じ処《ところ》を繰りかえすことになってるんだって。」

「何時だ。」

「七時——それに喫茶店が七時二十分。で俺はとにかくその様子が心配だから、八時半に上田と会うことにして置いた。」

私は今晩の自分の時間を数えてみて、

「じゃ、オレと九時会ってくれ。」

私達はそこで場所を決めて別れた。別れ際《ぎわ》に須山は「ヒゲがやられたら、俺も自首して出るよ！」と云った。それは勿論《もちろん》冗談だったが、妙に実感があった。私は「馬鹿」と云った。が彼のそう云った気持は自分にもヨク分った。――ヒゲはそれほど私たちの仲間では信頼され、力とされていたのである。私達にとっては謂《い》わば燈台《とうだい》みたいな奴《やつ》だと云っても、それは少しも大げさな云い方ではなかった。事実ヒゲがいなくなったとすれば、第一次の日からして私達は仕事をドウやって行けばいゝか全たく心細かった。勿論そうなればなったで、やって行けるものではあるが。――私は歩きながら、彼が捕まらないでいてくれゝばいゝと心から思った。

私は途中小さいお菓子屋に寄って、森永のキャラメルを一つ買った。それを持ってやってくると、下宿の男の子供は、近所の子供たちと一緒に自働式のお菓子の出る機械の前に立っていた。一銭を入れて、ハンドルを押すとベース・ボールの塁に球が飛んでゆく。球の入る塁によって、下の穴から出てくるお菓子がちがった。最近こんな機械が流行《はや》り出し、街のどの機械の前にも沢山子供が群がっていた。どの子供も眼を据え、口を懸命に歪《ゆが》めて、ハンドルを押している。一銭で一銭以上のものが手に入るかも知れないのだ。

私はポケットをジャラ〳〵させて、一銭銅貨を二枚下宿の子供にやった。子供は始めはちょっと手を引ッこめたが、急に顔一杯の喜びをあらわした。察するところ、下宿の子は今迄他の子供がやるのを後から見てばかりいたらしかった。私はさっき買ってきたキャラメルも子供のポケットにねじこんで帰ってきた。

私は八時までに、今日工場に起ったことを原稿にして、明日撒《ま》くビラに使うために間に合わせなければならなかった。それを八時に会うSに渡すことになっている。私は押し入れの中から色々な文書の入っているトランクを持ち出して、鍵《かぎ》を外した。

――「倉田工業」は二百人ばかりの金属工場だったが、戦争が始まってから六百人もの臨時工を募集した。私や須山や伊藤（女の同志）などはその時他人《ひと》の履歴書を持って入り込んだのである。二百人の本工《ほんこう》のところへ六百人もの臨時工を取る位だから、どんなに仕事が殺到していたか分る。倉田工業は戦争が始まってからは、今迄の電線を作るのをやめて、毒瓦斯《どくガス》のマスクとパラシュートと飛行船の側《がわ》を作り始めた。が最近その仕事が一段落をつげたので、六百人の臨時工のうち四百人ほどが首になるらしかった。それで此頃《このごろ》の工場では、話がそのことで持ち切っていた。皆が「首になる」「首になる」と云うと、会社では「臨時工に首なんかモト〳〵ある筈《はず》がない。かえって最初の約束よりは半月以上も長く使っているじゃないか」と云った。事実約束よりも半月以上も長く働きは働いたが、切《せ》ッぱつまった仕事ばかりなのでその間《かん》の仕事はとても無理なのだ。女工などは朝の八時から夜の九時まで打《ぶ》ッ通し夜業をして一円〇八銭にしかならなかった。夜の六時から九時までは一時間八銭で、しかも晩飯を食う二十分から三十分までの時間を、会社は夜業の賃銀から二銭或《ある》いは三銭（わざ〳〵計算をして）差引いてさえいた。――飯を食っていたとき、私は云った「すると、会社は職工というものが飯を食わないで働かせることの出来るものだッて風に考えているんだネ。」一緒に働いていた臨時工の一人が「あ、、そうだ……」と云った。その「あ、、そうだ」がよく出来ているというので、皆は笑った。会社は毎日の賃銀の支払に、四百人近くいる女工に一々その端数《はすう》の八銭を、五銭一枚に一銭銅貨を三枚ずつつけて払った。それは大変な手間だったのだ。六時に退けても、そのために七時にさえなった。「糞《くそ》いま〳〵しい！　八銭を十銭にしたら、どの位手間が省けるか知れねえんだ。何んならこッちから負《ま》けて、八銭を五銭にしてやらア。」皆は列のなかでジレ〳〵して騒いだ。「金持の根性ッて、俺達に想像も出来ねえ位執念深いものらしい！」

ところが、臨時工の首切りの時に会社が一人宛《あて》十円ずつ出すという噂《うわ》さが立っていた。臨時工だから別に一銭も出さなくてもいゝ約束だが、皆がよく働いてくれたからというのが其《そ》の理由らしかった。それがどの程度の確実さがあるかどうか、とにかく皆は此処をやめると、又暫《しば》らくの間仕事に有りつけないので、知らずにその事を当てにしていた。だが、晩飯の時間を賃銀から二銭三銭と差引いたり、何百人の人間を平気で一時間以上も待たして、一銭玉を三つずつ並らべる会社が、何んで六百人もの人間に十円（大枚十円！）を出すものか。十円を出すという噂さを立てさせているのには、明かに会社側の策略がひそんでいるのだ。そんな噂さを立てさせて、首切りの前の職工の動揺を防いで、土俵際でマンまとしてやろうという手なのだ。

それが今日工場で可なり話題になったので、私は明日工場に入れるビラにこの間《かん》の事情を書くことにした。一昨日入ったビラに、その前の日皆がガヤ〳〵話し合った、賃銀を渡す時間を早くして貰《もら》おうというようなことがちアんと出ていたために（事はそんな些少《さしよう》なことだったが）、皆の間に大きな評判を捲《ま》き起したのである。私は机の前に大きな安坐《あぐら》をかいた。

暫らくすると、下のおばさんが階段を上がってきた。「さっきは子供にどうも！」と云って、何時になくニコ〳〵しながらお礼をのべて下りて行った。私たちのような仕事をしているものは、何んでもないことにも「世の人並のこと」に気を配らなければならなかった。下宿の人に、上の人はどうも変な人だとか、何をしている人だろうか、など思われることは何よりも避けなければならない事だった。今獄中で闘争している同志Hは料理屋、喫茶店、床屋、お湯屋などに写真を廻わされるような、私達とは比らべものにならない追及のさ中を行動するために、或《あ》る時は下宿の人を帝劇に連れて行ってやったりしている。それと同時に私達は又「世の人並に」意味のない世間話をしたり、お愛そを云うことが出来なければならない。が、そういうことになると私はこの上もなく下手なので随分弱った。この頃では幾分慣れては来ているが……。

私は「やア、何アに、少しですよ。」と、おばさんに云って、云ってしまってから赤くなっていた。どうも駄目だ。

原稿用紙で精々二枚か二枚半の分量のものだったが、昼の仕事をやって来てから書くのでは、楽な仕事ではなかった。十円の手当のバク露のことをようやく書き終ると、もう七時を過ぎていた。私はその間何べんも手拭《てぬぐい》でゴシ〳〵顔中をこすった。原稿の仕事をやると、汗をかくのだ。書き終えた原稿を封筒に入れ、表を出《で》鱈目《たらめ》な女名前にして、ラヴ・レターに仕立て、七時四十分に家を出た。「散歩してきます」と云うと、何時も黙っているおばさんが、「行っていらっしゃい」と、こっちを向いて云った。

効きめはあらたかだ。私は暗がりに出ながら苦笑した。前に、何時ものように家を出ようとした時、「あんたはヨク出る人ですねえ」と、おばさんが云ったことがある。私はギョッとした。事実毎晩出ていたので、疑えば疑えるのである。私は突嗟にドギついて、それでも「何んしろ、その……」と笑いながら云いかけると、「まだ若いからでしょう?」と、おばさんは終《しま》いをとって、笑った。私はそれで、おばさんはあの意味で云ったのではないことが分って安心した。

八時に会う場所は表の電車路を一つ裏道に入った町工場の沢山並んでいるところだった。それで路には商店の人たちや髪の前だけを延ばした職工が多かった。私は自分の出掛けて行く処によって、出来るだけ服装をそこに適応するように心掛けた。充分なことは出来なかったが、それは可なり大切なことなのだ。私達はいずれにしろ、不審訊問《じんもん》を避けるためにキチンとした身装《みなり》をしていなければならなかったが、然《しか》し今のような場所で、八時というような時間に、洋服を着てステッキでもついて歩くことはかえって眼について悪かった。で、私は小ざッぱりした着物に無雑作に帯をしめ、帽子もかぶらずに出たのである。

真直ぐの道の向うを、右肩を振る癖のあるSのやってくるのが見えた。彼は私を認めると、一寸《ちょっと》ショー・ウインドーに寄って、それから何気ないように小路を曲がって行った。私はその後を同じように曲がり、それからモウ一つ折れた通りで肩を並らべて歩き出した。

Sは私から一昨日入ったビラの工場内での模様を聞いた。色んな点を聞いてから、

「問題の取り上げは、何時でも工場で話題になっていることから出発しているのは良いは良いが、――それらの一歩進んだ政治的な取上げという点では欠けている。」

と云《い》った。

私はびっくりして、Sの顔を見た。成る程と思った。私はビラの評判の良さに喜んで、それを今度は一段と高いところから見ることを忘れていたのだ。

「だから、つまりみんなの自然発生的な気持に我々までが随《つ》いて歩いてるわけだ。日常の不満から帝国主義戦争の本質をハッキリさせるためには、特別の、計画的な、それになか〱専門的な努力が要るんだ――そいつを分らせることが必要なわけだ……。」

ビラは今迄に沢山出されてきた公式的な抽象的な戦争反対のビラの持っている欠点を埋めようとして、今度は逆に問題を経済的な要求の限度にとゞめてしまう誤りを犯していると云った。得てそういう右翼的偏向は、大衆追随をしているので一応評判が良いものだ。従って「評判が良い」という事も、矢張り慎重に考察してみる必要があ

る、私達は歩きながら、そういう事について話した。

「気をつけるというので、今度は木と竹を継いだようになったら何んにもならない。逆戻りだ！　今迄僕等は眼隠しされた馬みたいに、もの事の片面、片面しか見て来なかったんだ。」

私たちはしばらく歩いてから、喫茶店に入った。

「ラヴ・レターをあげるよ。」

私はそう云って原稿をテーブルの下の棚に置いた。——Sはクン、クンと鼻歌をうたいながら、ウエーターを注意しいしい、それをポケットへねじ込んだ。彼は、そして、

「君の方からヒゲ（と云って、鼻の下を抑えて見せて、）につかないかな？」と訊いた。

私は工場の帰り須山から聞いたことを話した。Sはワザと鼻歌をクン〳〵させながら、しかし眼に注意を集めて聞いていた。それが癖だった。

「僕の方も昨日六時にあったが切れたんだ。」

私はそれを聞くと、胸騒ぎがした。

「やられたんだろうか……？」

と私は云った。が実は、いや大丈夫だと云われたいことを予想していた。

「ふむ、――」

Sは考えていたが、「用心深い奴だったからな。」と云った。

私達はどっちからでもヒゲにつく方からつけることにし、それから次の朝のビラの持ち込みの打ち合せをして別れた。

九時、須山に会うと、私はその顔色を見ただけで分った。然しそれでもまだ全部が絶望だというわけではなかった。須山とも、出来るだけの方法をつくして、ヒゲの調査をすることにした。そして直《す》ぐ別れた。

私達は自分のアジト附近での連絡でなかったら、九時半過ぎには一切の用事をしないことにしている。途中が危険だからである。――私は須山とも別れ、独りになり帰ってくると、ヒゲのことが自分でも意外な深さで胸に喰い込んでいることを知った。私は何んだか歩くのに妙な心もとなさを覚えた。膝《ひざ》がゆるんで、息切れさえするようである。――普通の境遇で生活をしている人には、こういう時の私のこんな現象が幾分の誇張とウソを伴っているとみるかも知れない。然し外部からすべてを遮断され、個人的な長い間の友達とも全部交渉を断ってしまい、一寸お湯へ行くのにもウッかり出ることが出来ず、且《か》つ捕かまったら少なくとも六年七年は行く身体《からだ》では、頼りになるのは同志ばかりである。それは一人でも同志が奪われてみると、その間をつないでいた私達の気持の深く且つ根強かったことを感ずる。それがしかも私達を何時《いつ》でも指導してきていた同志の場合、特にそうである。――以前ある反動的組合のなかで反対派として合法的に活動していた時は、同じことがあってもこれ程でもなかった。その時は矢張り争われず、日常の色々な生活がそれをまぎらしていたからであろう。

下宿には太田が待っていた。――私は自分のアジトを誰にも知らせないことにしていたが、上《うえ》の人との諒解《りょうかい》のもとに一人だけに（太田に）知らせてあった。それは倉田工業で仕事をするためには、どうしても専任のものを一人きめて、それとは始終会う必要があった。外で会っているのでは即刻のことには間に合わなかったし、又充分なことが（色々な問題について納得が行くようには）出来なかった。

太田は明日入れるビラについて来ていた。それで私はさっきSと打ち合せてきたことを云い、明朝七時T駅の省線プラットフォームに行って貰うことにした。そこへSがやって来て、ビラを手渡すことになっていた。

急ぎの用事を済ましてから、私達は少し雑談をした。「雑談でもしようか」ニコ〳〵そう云い出すと、「得意のやつが始まったな！」と太田が笑った。用事を片付けてしまうと、私は殆《ほと》んどきまって「雑談をしようか」と、それも如何《いか》にも楽しそうに云い出すので、今ではそれは私の得意の奴《やつ》という事になっていた。ところが、私は此頃になって、自分がどうして「雑談」をしたがるのか、その理由《わけ》に気付いた。——私たちは仕事のことでは殆んど毎日のように同志と会っている。が、その場合私たちは喫茶店でも成るべく小さい声で、無駄を省いて用事だけを話す。それが終れば直ぐその場所を出て、成るべく早く別れてしまう。これと同じ状態が三百六十五日繰りかえされるわけである。勿論《もちろん》私はそういう日常の生活形態に従って、今迄《まで》の自分の生活の型を清算し、今ではそれに慣れている。然し留置場に永くいると、たまらなく「甘《あま》いもの」が食べたくなり、時にはそれが発作的な病気のように来ることがあるのと同様に、私の場合ではその生活の一面性に対する反作用が仲間の顔をみると時には雑談をしようという形をかりて現われるのであるらしい。だが、この気持は普通の生活をしている太田には、何か別な極めて呑気《のんき》な私の性格位にしか映っていないし、時々ビーヤホールなどで大気焔《だいきえん》を挙げられる彼には、私の気持に立ち入り得る筈がなく、時には残酷にも（！）雑談もせずに帰って行くことがあるのである。

太田は「雑談」をすると云って、工場の色々な女工さんの品さだめをやって帰って行った。彼は何時の間にか、沢山の女工のことを知っているのに驚いた。

「女工の惚《ほ》れ方はブルジョワのお嬢さんのようにネチ〳〵と形式張ったものではなくて、実に直接且つ具体的なので困る！」

そんなことを云った。

「直接且つ具体的」というのが可笑《おか》しいので、私たちは笑った……。

二

一度ハッキリと「党」の署名の入ったビラが撒《ま》かれてから、倉田工業では朝夕の出入が急に厳重になった。時期が時期だし、製造しているものが製造しているものなので、会社も狼狽《ろうばい》し始めたのである。私の横で働いている女工が朝キャッといって駈《か》け込んできたことがある。それは工場の出入の横に何時でも薄暗い倉庫の口が開いているが、女が何気なく其処《そこ》を通ると、隅の方で黒い着物を頭からかぶった「もの」がムク〳〵と動き出したというのである。ところが、後でそれが守衛であることが分った。これなどからでも、彼奴等が如何にアワを食っているか分る。

戦争が始まって若い工場の労働者がドン〳〵出征して行った。そして他方では軍需品製造の仕事が急激に高まった。このギャップを埋めるために、どの工場でも多量な労働者の雇入を始めなければならなかった。今迄はたった一人の労働者を雇うのにも厳重な調査をし、身元保証人をきめた上でなければ駄目だった。が、戦争が始まってからは、それをやっていることが出来なくなった。私たちはその機会をねらった。勿論この場合雇い入れるとしても、それは「臨時工」だし、それに国家「非常時」ということを名目としてドシ〳〵臨時工を使うことは、結局は労働者全体（工場から見れば本工《ほんこう》を雇うときに）の賃銀を引き下げるのに役立つのである。だが彼奴等は自分たちの利害のこの両方の板挟みにあって、黒い着物を頭から引ッかぶって見張りをしなければならないような馬鹿《ばか》げた恥知らずの真似《まね》に出《い》でざるを得ないのである。

　黒い着物はどうでもよかったが、私には待ち伏せしている背広だった。私の写真は各警察に廻っている。私は勿論顔の形を変えてはいるが油断はならなかった。十三年前に写した写真が警察にあったゝめに、一度も実際の人物を見たこともないスパイに捕まった同志がある。仲間のあるものは、私に全然「潜《も》ぐる」ことをすゝめる。勿論それに越したことはないが、今迄の経験によると、工場の外にいてその組織を進めて行くことは百倍も困難であって、且つ百分の一の成果も挙がらないのだ。このことは工場にいるメンバーと極めて緊密な連繋《れんけい》がとれている場合にでも云えるのである。我々が「潜ぐる」というのは、隠居するということでは勿論ないし、又単に姿を隠くすとか、逃げ廻わるということでもない。知らない人は或《あ》いはそう考えている。が若《も》しも「潜ぐる」ということがそんなものならば、彼奴等におとなしく捕まって留置場でジッとしている方が事実百倍も楽でもあるのだ。「潜ぐる」ということは逆に敵の攻撃から我身を遮断して、最も大胆に且つ断乎《だんこ》として闘争するためである。――勿論仕事の遣《や》り易《やす》さとか其《その》他の点から我々が合法的であることは、モッと望ましい。だから私は太田などに云っている、出来るだけ永い間合法性を確保しろ、と。その意味から「潜ぐる」というのは正しい云い方ではなく、私達は決して自分から潜ぐっているのではなくて、彼奴等に潜らされているのに過ぎないのだ……。

そんな状態で、私は敵の前に我と我身の危険を曝《さ》らしているので、朝夕の背広には実に弱る。この頃そこに立っている背広が何時も同じ顔ぶれなのでよかったが、遠くから別な顔が立っている時には、自分は歩調をゆっくりにし、帽子の向きを直し、近付く前に自分の知っている顔であるかどうかを確かめる。この第一関門がパッスすると、今度は門衛の御検閲だ。然しそこはビラを持って入るものがこれに引ッ掛からないようにすることだった。太田はそれには女のメンバーを使っていた。太田によると「成るべく女のお臍《へそ》から下の方へ入れると安全だ」った。彼奴等はまだそこを調らべるほどには恥知らずになってはいないらしい。

次の朝、衣服箱を開けると、ビラが入っている！　波のような感情が瞬間サッと身体を突走ってゆく。職場に入って行くと、隣りの女がビラを読んでいた。小学生のように一字一字を拾って、分らない字の所にくると頭に小指を入れて掻《か》いていた。私を見ると、

「これ本当！」

と訊《き》いた。十円のことを云っているのだ。

私は、本当も本当、大本当だろうと云った。女は、すると、

「糞《くそ》いま〳〵しいわネ。」

と云った。

工場では私は「それらしい人間」として浮き上がっている。私はビラの入る入らないに拘《かかわ》らず、みんなが会社のことを色々としゃべり合っている事についてはその大小を問わず、何時でも積極的に口を入れ、正しいハッキリした方向へそれを持ってゆくことに心掛けていた。何か事件があったときに、何時でも自分達の先頭に立ってくれる人であるという風な信頼は普段からかち得て置かなければならないのである。その意味で大衆の先頭に立ち、我々の側に多くの労働者を「大衆的に」獲得しなければならぬ。以前、工場内ではコッそりと、一人々々を仲間に入れて来るようなセクト主義

的な方法が行われていたが、その後の実践で、そんな遣り方では運動を何時迄も大衆化することが不可能であることが分ったのである。

仕事まで時間が少し空いていたので、台に固《かたま》って話し合っている皆の所へ出掛けようとしていると、オヤジがやって来た。

「ビラを持っているものは出してくれ！」

みんなは無意識にビラを隠した。

「隠すと、かえって為《た》めにならないよ。」

オヤジは私の隣りの女に、

「お前、さ、出しな。」

と云った。

女は素直《すなお》に帯の間からビラを出した。

「こんな危いものをそんなに大切に持ってる奴があるか！」と、オヤジが苦笑した。

「でも、会社は随分ヒドイことをしてるんだね、おじさん！」

「それだ――それだからビラが悪いって云うんだよ！」

「そう？　じゃやめる時、本当に十円出すの？」

オヤジは詰って、

「そんなこと知るもんか。会社に聞いてみろ！」

と云った。

「何時かおじさんだってそう云ってたんじゃないの！　あ、矢張りビラのこと本当なんだ！」

女のその言葉で、職場のものはみんな笑い出した。

「よオ〳〵、しっかり！」

誰かそんなことを云《い》った。

オヤジは急に真ッ赤になり、せわしく鼻をこすり、吃《ども》ったまゝカン〳〵に出て行った。――それで私たち第三分室は大声をあげた。事は小さかったが、そのためにオヤジの奴め他のものからビラを取りあげるのを忘れて出て行ってしまった。

その日、仕事が始まってから一時間もしないとき、私は太田が工場からやられて行ったという事を聞いた。ビラを持って入ったことが分ったらしい。

太田は――何より私のアジトを知っている！

彼は前に、事があったら三日間だけは頑張ると云っていた。三日間とは何処《どこ》から割り出したんだいと訊くと、みんながそう云っていると云った。その頃「三日間」というのが何故か一つのきまりのようになっていた。私はその時引き続き冗談を云い合ったが、フト太田の何処かに弱さを感じたことを覚えている。太田が捕まったと聞いたとき、私の頭にきた第一のことはこの事だった。

私の知っている或《あ》る同志は、自分と同居していたものが捕ったにも拘らず、平気でそのアジトに寝起していた。私や他のものは直ぐ引き移らなければ駄目だと云った。するとその同志は奇妙な顔をした。案に違《たが》わず五日目にアジトを襲われた。その時同志は窓から飛んだ。飛びは飛んだが足を挫《くじ》いてしまった。彼は途中逃げられないように真裸にされて連れて行かれた。彼が警察の留置場に入って、前にやられた仲間を一眼見ると、「馬鹿野郎！　だらしのない奴だ！」と怒鳴りつけた。ところがその仲間は、逆に自分がやられているのにのんべんだらりと逃げもしない「だらしのない奴」だと思い、相手にそう云おうと思っていたというのである。後でその同志が出てきたとき、私たちは、だから云わないことじゃ無かったんだ、分っていて捕かまるなんて統制上の問題だぞと云った。すると彼は、あいつ（前に捕まった仲間）がしゃべったからだ、一体一言でも彼奴等の前でしゃべるなんて「君、統制上の問題だぜ！」と云いかえした。事実その同志は取調べに対しては一言もしゃべらなかった。その同志にとってはしゃべるという事は始めから考え得られないことだったし従って他のものもしゃべるなどとは考えもしなかったので、「のんべんだらり」とアジトにいたのだ。私はこの時誰よりも一番痛いところをつかれたと感じた。アジトを逃げろと云ったのは、自分が若し捕かまったら三日か四日目にアジトを吐くという・敗北主義を自認していることになる。だが、これはおよそボルシェヴィキとは無縁な態度である。これはＡＢＣだ。その後私たちはその同志の態度を尺度とする規約を自分自身に義務づけることにした。が今あの頼りない太田を前にしては、私はこの良き意味での「のんべんだらり」をアジトで極《き》め込んでいるわけには行かぬ。私は即刻下宿を引き移らなければならなかった。

それにしても、私は矢張りアジトは誰にも知らせない方がよかった。嘗《か》つて、私達の優れた同志が「七人」もの人に自分の家を知らせ、出入りさせていた。その中には同志ばかりか単なる「シンパ」さえいた。そのためにその優れた同志はアジトを襲われた。――そんな例がある。私たちは世界一の完備を誇っている警察網の追及のなかで仕事を行っていることを何時でも念頭に置かなければならぬ。

たゞ良かったことは、須山と伊藤ヨシのことを太田が知っていなかったことだ。私は仕事をうまく運ぶために彼に、二人が我々の信用していゝ仲間であることを知らせようと思ったことがあった。然《しか》しその時自分は後のことを考え、やめたのである。一つは弾圧の波及を一定限度で防ぐためであり、他は単に誰々がメンバーであるという慣《な》れあいによって仕事をして行こうとする危険な便宜主義に気付いたからだった。

工場の帰りに私は須山と伊藤ヨシと一緒になり、緊急に「しるこ屋」で相談した。その結果、私は直ちに（今夜のうちに）下宿を移ること、工場は様子がハッキリする迄休むこと、残った同志との連絡をヨリ緊密にし、二段三段の構えをとることに決まった。「今日はまだ大丈夫だろう」とか、「まさかそんな事はあるまい」というので今迄に失敗した沢山の同志がある。以上の三つの事項は「工場細胞」の決定として私が必ず実行することに申し合わせた。そして伊藤と須山は貰《もら》って来たばかりの日給から須山は八十銭、伊藤は五十銭私のために出してくれた。

須山は何時《いつ》もの彼の癖で、何を考えたのか神田伯山の話を知っているかと私に訊いた。私は笑って、又始まったなと云った。彼の話によると、神田伯山は何時でも腹巻きに現金で百円はどんな事があろうと手つかずに（死ぬ迄）持っていたというのである。それは彼が、人間は何時どんな処《ところ》で災難に打《ぶ》ち当らないものとは限らない、その時金を持っていないばかりに男として飛んでもない恥を受けたら大変だと考えていたからだそうである。

「同じことだ、金が無くて充分の身動きが出来ないために捕かまったとなれば、それは階級的裏切だからな！」

　そう云って、彼は「我々は彼等の経験からも教訓を引き出すことを学ばなくてはならないんだ」と、つけ加えた。私と伊藤は、そういうことを色々と知っている須山の頭は「スクラップ・ブック（切抜帖《きりぬきちょう》）」みたいだというので笑った。


　私は実にウカツに私の下宿に入る小路の角を曲がった。だが本当はウカツでもなんでもなかったのだろう。私は第一こんなに早く太田が私の家《アド》を吐こうなどとは考えもだに及ばなかったからである。私はギョッとして立ちすくんだ。二階の私の室《へや》には電《でん》燈《とう》がついている！　そしてその室には少なくとも一人以上の人の気配のあることが直感として来た。張り込まれていることは疑うべくもなかった。だが、室の中には色々と持ち出したいものがある。次の日から直《す》ぐ差支《さしつか》えるものさえあった。――私は然しこの「だが」がいけないと、直ぐ思いかえした。

　私には今直ぐと云えば、行く処はなかった。今迄の転々とした生活で、知り合いの家という家は殆《ほと》んど使い尽してしまっていたし、そういう処は最《も》早《はや》二度の役には立たなかった。私はまず何よりこの地域を離れる必要があるので、電車路《でんしゃみち》に出ると、四囲を注意してから円タクを拾った。別に当ての無い処だったが、

「S町まで二十銭。」

と云った。

その時フト気付いたのだが、私は工場からの帰りそのまゝだったので、およそ円タクには不調和な服装をしていた。――私は円タクの中で考えてみた。が、矢張り見当がつかない。私は焦《あせ》り、イライラした。たゞ、私には今迄《まで》一二度逃げ場所の交渉をして貰った女がいた。その女は私が頼むと必らずそれをやってくれた。女はある商店《みせ》の三階に間借りして、小さい商会に勤めていた。左翼の運動に好意は持っていたが別に自分では積極的にやっているわけではなかった。女の住所は知っていたが、女一人のところへ訪ねて行くのも変であったので、私は今迄用事の時は商会に電話をかけて、それで済ましていた。が私には今その女しか残されていない、そんなことを考顧してはいられなかった。――私はS町で円タクを捨てると、覚悟を決め、市電に乗った。

成るべく隅の方へ腰を下して、膝《ひざ》の上に両手を置いた。それから気付かれないように電車の中を一通り見渡してみた。幸いにも「変な奴《やつ》」はいない。私の隣りでは銀行員らしい洋服が「東京朝日」を読んでいた。見ると、その第二面の中段に「倉田工業の赤い分子検挙」という見出しのあるのに気付いた。何べんも眼をやったが、本文は読めなかった。――それにしても、電車というもののろさを私は初めて感じた。それは居ても立ってもいられない気持だ。

用心のために停留所を二つ手前で降り、小路に入って二三度折れ曲がり、女のところへ行った。初めてゞはあり、それに小路に入ったりしたので少し迷った。店先にはお爺《じい》さんが膏薬《こうやく》の貼《は》った肩を出して、そこを自分の手でたゝいていた。上《うえ》の笠原さんがいますか、と訊くと、私の顔を見て黙っている。二度目に少し大きな声を出した。するど、障子のはまった茶の間の方を向いて何か分らないことを云った。誰か腰の硝子《ガラス》からこっちを覗《のぞ》いた。

「さア、出て行きましたよ」

内《うち》でうさん臭く云った。

私は、ハタと困ってしまった。何時頃かえるのでしょうかと訊くと、そんな事は分らんと云う。私の人相（身装《みなり》）を見ているなと思った。どうにも出来ず、私はそこに立っていた。然し仕様がなかった。私は九時頃に又訪ねてみると云って外へ出た。出てから三階を見上げると、電燈が消えている。私は急にがッかりした。

夜店のある通りに出て本を読んでみたり、インチキ碁の前に立ってみたり、それから喫茶店に入って、二時間という時間をようやくつぶして戻ってきた。角を曲がると、三階の窓が明るくなっていた。

私は笠原に簡単に事情を話して、何処か家が無いかと訊いた。然し今迄彼女はもう殆んど知っている家は、私のために使ってしまっていた。商会の女の友達も二三人はいるが、それはこッちの運動のことなどは少しも分っていないし、「それにみんなまだ独り」だった。笠原はしきりに頭を傾《かし》げて考えていたが、矢張り無かった。時計をみると十時近い。十時過ぎてから外をウロつくのは危険この上もなかった。それに私はまだナッパ服のまゝなので、一層危険だった。女の友達なら沢山頼めるところがあるのだが、「君、男だから弱る」と笠原は笑った。私も弱った。然しいずれにしろ私は捕まってはならないとすればたった一つのことが残されていた。それを云い出すには元気が必要だったが。

「こゝは、どうだろう……？」

私は思い切って云い出したが、自分で赤くなり、吃った。——人には大胆に見えるだろうが、仕方がなかった。

「…………！」

笠原は私の顔を急に大きな（大きくなった）眼で見はり、一寸《ちよつと》息を飲んだ。それから赤くなり、何故《なぜ》かあわてたように今迄横坐《よこずわ》りになっていた膝を坐り直した。

しばらくして彼女は覚悟を決め、下へ降りて行った。S町にいる兄が来たので、泊って行くからとことわって来た。だが、兄というのはどう考えても可笑《おか》しかった。彼女は簡素だが、何時でもキチンとした洋装をしていて、髪は半断髪（?）だった。そこにナッパを着た兄でもなかった。彼女がそう云うと、下のおばさんは子供ッぽい笠原の上から下を、ものも云わないで見たそうである。彼女はさすがに固い、緊張した顔をしていた。普通の女にとってたゞ男が泊《とま》るということでも、それは只事《ただごと》ではなかったのであろう。

そういう風に話が決まると、二人とも何んだか急にぎこちなくなり、話が途切れてしまった。私は鉛筆と紙を借り、次の日のプランを立てるために腹ン這《ば》いになった。即刻太田の補充をすること、太田の検挙のことをビラに書いれて倉田工業の全従業員に訴えること。私は原稿を鉛筆を嘗《な》め〳〵書いた。フト気付くと、女が自分から「もう寝ましょう」と云えないでいることに気付いた。それで、

「君何時に寝るんだい?」

と訊《き》いてみた。

すると「大抵今頃……」と云った。

「じゃ寝ようか。僕の仕事も一段落付いたから。」

私は立ち上がって、あくびをした。

蒲団《ふとん》は一枚しか無かった。それで私は彼女が掛蒲団だけを私へ寄こすというのを無理に断って、丹前だけで横になった。電燈を消してから、女は室の隅の方へ行って、そこで寝巻に着換えるらしかった。

私は今迄（自分の家を飛び出してから）色々な処を転々として歩いたので、さすがに寝ういう寝方には慣れていたし、直ぐ眠れた。然し女のところは初めてだった。さすがに寝つきが悪かった。私はウトウトすると夢を見て直ぐ眼をさました。それが何べんも続いた。見る夢と云えば、追いかけられている夢ばかりだった。夢では大抵そうであるように、仲々思うように逃げられない。そして気だけが焦る。あ、あっ、あっ、あ、あ……と思うと、そこで眼が覚めた。ジッとしていると、頭の片方だけがズキン、ズキンと鈍くうずいた。私は殆んど寝たような気がしなかった。そして何べんも寝がえりを打った。――然し笠原は朝までたゞの一度も寝がえりを打たなかったし、少しでも身体《からだ》を動かす音をさせなかったようである。私は、女が最初から朝まで寝ない心積《つも》りでいたことをハッキリとさとった。

それでも私は少しは寝たのだろう。眼をさますと、笠原の床はちゃんと上げられて、彼女は炊事で下に降りているのか、見えなかった。しばらくして、笠原は下から階段をきしませて上がってきた。そして「眠れた?」と訊いた。「あ」と私は何んだかまぶしく、それに答えた。

下宿は笠原の出勤時間に一緒に出た。下のおばアさんは台所にいたが、その時手を休めて私の後を見送った。外に出るや否《いな》や、笠原は恰《あた》かも昨日からの心配事を一気に吐き出すように、

「あ——あ——」

と、大きな声を出した。それから「クソばゞア！」と、そッとつけ加えた。

三

その夜Sに会ったとき、昨夜のことを話すと、そいつは悪いと云《い》って、間借の金を支度してくれた。私は家を見付けて置いたので、須山と伊藤に道具を揃《そろ》えてもらって、直ぐ引き移ることにした。はじめ倉田工業と同じ地区にするのが良いか悪いかで随分迷った。同じ地区だと可なり危険性がある。然し他の地区ということになれば交通費の関係上困った。こんな場合は勿論《もちろん》他の地区の方がよかったが、然し警察は案外私が他の地区に逃げこんだと思っているかも知れない。だから彼奴《あいつ》等の裏をかいて、同じ地区にいるのも悪くないと思った。嘗つてこんな事がある。今ロシアに行っている同

志のことであるが、その同志は他の同志が江東方面で活動している時は反対の城西方面に出没しているという噂《うわ》さを立てさせる戦術をとっているという話を聞くと、そいつは拙《まず》い、俺ならば江東にいる時には、かえって江東にいるという噂さを立てさせると云ったそうだ。私はこの地区ではまだ具体的にはスパイに顔を知られていなかった、それに工場もやめたので経済的な根拠から同じ地区に下宿を決めることにした。

下宿はどっちかと云えば、小商人《こあきんど》の二階などが良かった。殊《こと》にそれが老人夫婦であれば尚《なお》よかった。その人たちは私たちの仕事に縁遠いし、二階の人の行動には、その理解に限度がある。なまじっか知識階級の家などは、出入や室の中を一眼見ただけでも、其処《そこ》に「世の常の人」らしからぬ空気を鋭敏に感じてしまうからである。然し、警察どもは小商人などのところへは度々戸籍調らべにやって来て、無遠慮な調らべ方をして行く代りに、門構でもあるような家には二度のところを一度にし、それもたゞ「変ったことがありませんか」位にとゞめる。――今度の下宿はその中間をゆく家だった。おばさんはもと待合をしていたことがあるとか云って、誰かの妾《めかけ》をしているらしかった。

須山や伊藤から荷物を一通り集めて、ようやく落付くと私はホッとした。たゞ下の室に同宿の人がいるのが欠点だった。それで、第一にその人がどんな人か知る必要があった。私は便所へ降りて行った。同宿の人の室の障子が開いて居《お》り、その人はいなかった。私は何より本箱に眼をやった。これは私が新しい下宿に行って、同宿のある時に取る第一の手段だった。本箱を見ると、その人が一体どういう人か直ぐ見当がつくからである。——本箱には極く当り前の本ばかりが並んでいた。何処《どこ》かの学校の先生らしく、地理とか、歴史の本が多かった。ところが、机の上に「日本文学全集」が載っていた。フト見ると、「片岡鉄兵」や「葉山嘉樹《はやまよしき》」などの巻頭の写真のところが展《ひろ》げられたまゝになっていた。然しその種の本はそれ一冊だけで、その他には持っていないらしかった。

僕たちの仲間で、折角移ってきたところが、その下宿の主人が警察に勤めている人であったという例が沢山ある。が、下宿の主人の商売がすぐ分るのはよい方で時には一ヵ月も分らないまゝでいることさえある。「御主人は何商売ですか」というこの単純な問いも、こっちがこっちだけに、仲々淡白には訊けないのだ。

私はおばさんにお湯屋の場所をきいて、外へ出た。第二段の調査のためである。まず毎日出入りする道に当る家並の門札を、石鹼《せっけん》とタオルを持った恰好《かっこう》で、ブラ〳〵と見て歩いた。五六軒見て行くと、曲り角に「警視庁巡査——」の名札があった。然《しか》しそれは大きな邸宅の裏門に出ているので、大して心配が要らない。お湯屋から出ると、今度はその辺にある小路や抜け路《みち》を調らべて帰ってきた。一般にこの市は（他の市もそうかも知れないが）奇妙なことには、工場街と富豪の屋敷街がぴったりくっついて存在しているということである。今度のところも倉田工業のある同じ地区にも拘《かかわ》らず、ゴミ〳〵した通りから外ずれた深閑とした住宅地になっていた。それにいゝことには、しん閑とした長い一本道を行くと直ぐにぎやかな通りに続いていることで、用事を足して帰ってきても、つけられているか居ないかゞ分ったし、家を出てしまえば直ぐにぎやかな通りに紛ぎれ込んでしまえるので、案外条件が良かった。

二階の私の室の窓は直ぐ「物干台」に続いていた。そして隣りの家の物干までには、一またぎでそこからは容易《たやす》く別な家の塀が越せることが分った。私はそれで草履一足買ってきて、窓を開いたら直ぐ履けるように、物干台に置くことにした。たゞ困ったことは、この辺の家は「巴里《パリ》の屋根の下」のように立て込んでいるので、窓を少しでも開《ひら》くと、周囲の五六軒の家の人たちやその二階などを間借りしている人たちに顔を見られる危険性があった。それらの家の職業がハッキリするまで、私は四方を締め切って坐り込んでいなければならなかった。それで私は世間話をするために、下へ降りて行った。世間話から近所の様子を引き出そうと思ったのである。

聞いてみると法律事務所へ通っている事務員、三味線のお師匠さん、その二階の株屋の番頭さん、派出婦人会、其他《その》七八軒の会社員、ピアノを備えつけている此《こ》の辺での金持の家などだった。下宿を決めた夜のうちに、隣近所のことがこれだけ分ったということは大成功である。或《あ》るいは口喧《くちやか》ましい派出婦人会だけを除くと、まず周囲はい丶方と云わなければなるまい。

たゞ、今迄の経験で、アジトを襲われたり、アジトに変なことがあったりしたら直ぐ出掛けて行ける宿所を作って置かなければならない。どんなに安全そうに見えても、それは少しも何時《いつ》までもの安全を意味してはいない。事実、私はこの前の前の下宿で、移ってから二日目だというのに、お湯へ行って帰ってくると、下宿の前に洋服を着た男が立っているのだ。そこは一本道で、私はその男を発見したが、そこからは引ッ込みのつかないほど間近に来てしまっていた。私は仕方なしに、身体をフラ〳〵と振り、濡《ぬ》れ手拭《てぬぐい》を眼につくよう垂らし、ウロ覚えの「幻の影をしたいて、はるばると……」を口笛で吹いて、下宿には入らずに通り過ぎた。洋服の男は私の方を見たようだったが、その見方は張り込んでいる見方にしては、何処か不審なところがあるように思われた。私は暫《しば》らく来てから振りかえってみた。が、男は未《ま》だ立って居り、こっちを見ている。私はその夜同志のところへ転げこんだ。その同志は経験のある同志で、第一にそんな張り込み方がないこと、第二に新しく移ってきて二三日もしないうちに、何等かの予備的調査もなくやってくるという事は有り得ないという判断から、次の日人を使って調らべたら、何んでもないことが分ったが。とにかく即刻やってくる災害に対して即刻に応じ得られる第二段の構《かまえ》をして置くことが常に必要である。私は次の連絡のとき、笠原にこのことを依頼した。

仕事は直《す》ぐ立ち直った。太田のあとは伊藤ヨシが最近メキ〳〵と積極的になったので、それを補充することにした。弾圧の強襲が吹き捲《まく》っているときに、積極性を示すものは仲々数少なかったのだ。彼女は高等程度の学校を出ていたが、長い間の（転々としてはいたが）工場生活を繰りかえしてきたために、そういう昔の匂《にお》いを何処にも持っていなかった。この女は非合法にされてからは、何時でも工場に潜ぐりこんではかりいたので、何べんか捕かまった。それが彼女を鍛えた。潜ぐるとかえって街頭的になり、現実の労働者の生活の雰囲気から離れて行く型と、この伊藤は正反対を行ったのである。伊藤は警察に捕かまる度に母親が呼び出され引き渡されたが、半日もしないうちに又家を飛び出し潜ぐって仕事を始めた。母親はその度に「今度は行ってお呉《く》れでないよ」と頼んだのだが。母親は、それで娘が捕かまったから出頭しろという警察の通知が来ると喜んだ。そして警察では何べんもお礼を云って帰ってきた。三度目か四度目に家へ帰ったとき、伊藤は久し振りで母親と一緒に銭湯に行った。彼女はだん〳〵仕事が重要になって行くし、これからは今迄《まで》のように容易《たやす》く警察を出れることも無くなるだろうというような考もあったのである。それは蔭《かげ》ながらのお別れであったわけである。ところが母親はお湯屋で始めて自分の娘の裸の姿を見て、そこへへナ〳〵と坐ってしまったそうである。伊藤の体は度重なる拷問《ごうもん》で青黒いアザだらけになっていた。彼女の話によると、そのことがあってから、母親は急に自分の娘に同情し、理解を持つようになったというのである。「娘をこんなにした警察などに頭をさげる必要はいらん!」と怒った。その後、交通費や生活費に困り、仕方なく人を使って母親のところへ金を貰《もら》いに行くと、今迄は帰って来なければ「金は渡せん」といったのに、二円と云えば四円、五円と云えば七八円も渡してくれて、「家のことは、心配しなくてもいゝ」と云うようになった。「たゞ貧乏人のためにやっているというだけで、罪もない娘をあんなに殴ぐったりするなんてキット警察の方が悪いだろう」と母親は会う人毎《ごと》にそう云うようになっていた。——自分の母親ぐらいを同じ側に引きつけることが出来ないで、どうして工場の中で種々雑多な沢山の仲間を組織することが出来るものか。このことに多くの本当のことが含まっているとすれば、伊藤などはそれである。未組織をつかむ彼女のコツには、私は随分舌を巻いた。少しでも暇があると浅草のレビュウへ行ったり、日本物の映画を見たり、プロレタリア小説などを読んでいた。そして彼女はそれを直ちに巧みに未組織をつかむときに話題を持ち出して利用する。(余談だが、彼女は人眼をひくような綺麗《きれい》な顔をしているので、黙っていても男工たちが工場からの帰りに、彼女を誘って白木屋の分店や松坂屋へ連れて行って、色々のものを買ってくれた。彼女はそれをも極めて、落着いて、よく利用した。)彼女は人の意見をよく聞く素直《すなお》な女だったが、自分の今迄何十べんという経験のふるいを通して獲得してきた方法に対しては、石みたいに頑固だった。今このような女の同志は必要だった。殊に倉田工業の七〇%(八百人のうち)が女工なので、その意義が大きかったのだ。

私は倉田工業の他に「地方委員会」の仕事もしていたし、ヒゲのやられたことが殆《ほと》んど確実なので、新たにその仕事の一部分をも引き受けなければならなかった。急に忙がしくなった。が、アジトが確立した上に、工場の生活がなくなったので、充分に日常生活のプランを編成して、今迄よりも精力的に仕事に取りかゝることが出来た。

工場にいたときは、工場のなかの毎日々々の「動き」が分り、それは直ぐ次の日のビラに反映させることが出来た。今その仕事は須山と伊藤が責任を引き受けてやっている。最初私は工場から離れた結果を恐れた。ところが、須山たちと密接な組織的連《れん》繋《けい》を保っていることによって、浮き上る処《どころ》か、面白いことには逆に、離れてみて須山や伊藤や（そして今迄の私も）眼先だけのことに全部の注意を奪われていて、常にヨリ一歩発展的に物事を見ていなかったということが分るのである。非常に精細な見方をしているようで、実はある固定した枠内で蚤取眼《のみとりまなこ》を見張っていたと云える。勿論それは私がヨリ展望のきく「地方委員会」などの仕事をしているというところからも来ているが。従って、私は自分の浮き上りということを恐れる必要がないことが分った。

私がまず気付いたことは、八百人もいる工場で、四五人の細胞だけが懸命に（それは全く懸命に！）活動しようとしている傾向だった。それは勿論四五人であろうと、細胞の懸命な活動がなかったら、工場全体を動かすことの出来ないのは当然であるが、その四五人が懸命に働いて工場全体を動かすためには、工場の中の大衆的な組織と結合すること（或いはそういうものを作り、その中で働くこと）を具体的に問題にしなければならない。そのための実際の計画を考顧しなかったなら、矢張りこの四五人の、それだけで少しも発展性のない、独り角力《ずもう》に終ってしまうのだ。――ところが、実際には臨時工の女工たちは、私達は折角知り合っても又散り〳〵バラ〳〵になってしまう、袖《そで》触れ合うも他生《たしょう》の縁というので、臨時工の「親睦会」のようなものを作ろうとしている。又臨時工と本工とが賃銀のことや待遇のことで仲が悪いのは、会社がワザとにそうさせているのであって、中には「合い見、互い見」で、仲間になっているものさえある。これらはホンの一二の例でしかない。だが、若《も》しも細胞がそれらの自然発生的なものをモッと大きなものに（組織に）するために努力し且《か》つその中で（自分たち四五人の中でなしに）働くことを知ったら、近々の六百人もの首切りに際して工場全体を動かすことは決して不可能なことではないのである。

　殊に倉田工業が毒瓦斯《どくガス》のマスクやパラシュートや飛行船の側《がわ》などを作る軍需品工場なので、戦争の時期に於《お》いてはそこに於ける組織の重要なことは云う迄もないのだ。私達は戦争が始まってから、軍需品工場（それは重に金属と化学である）と交通産業（それは軍隊と軍器の輸送をする）に組織の重心を置いて、仕事を進めて来た。そして倉田工業には私や須山、太田、伊藤などが入り込んだわけだった。たゞ、この場合私達はみんな臨時工なので、モウ半月もしないうちに首になる。私達はその間に少しでも組織の根を作って置かなければならない。そのためには本工を獲得することが必要だった。そうすれば私達が首になったとしても、残っている組織の根と緊密な外部からの連繫によって、少しの支障もなく仕事を継続することが出来る。それでどんな小さい話題からでも、常に本工と臨時工を接触させ、その結合をはかる方向をとることを決めた。然し同時に臨時工の間の組織も、彼等が首になって又何処かの工場を探がしあて、それ〴〵の職場に入り込んで行く人間なので、それは謂《い》わば胞子だった。従って臨時工の一人々々とは後々までも決して離れてはならなかった。――私達はこれらの仕事を、首になる極く短かい期間にやってしまわなければならなかった。

二三日して須山と街頭を取っていると、向うから須山が奇妙な手の振り方をしてやってきた。彼は何かあると、よくそんな恰好をした。会ってからゆっくり話すということなどは、とても彼には歯がゆいらしく、すぐ動作の上に出してしまった。私は何かあったな、と思った。私は途中の小路を曲がってくると、本当はモウ一つの小路を曲がってからお互いに肩を並らべて歩くことになっているのに、須山はモウ小走りに、やアと後から声をかけた。

「太田からレポがあったんだ！」と云《い》う。

私は、道理で、と思った。

レポは中で頼まれたと云って、不良が持ってきた。倉田工業から電車路に出ると、その一帯は「色街」になっていた。電車路を挟んで両側の小路には円窓《まるまど》を持った待合が並んでいる。夜になると夜店が立って、にぎわった。そしてその辺一帯を「何々」組の何々というようなグレ（不良）が横行していた。ところが「フウテンのゴロ」というのが脅迫罪でN署に引っ張られたとき、檻房《かんぼう》で偶然太田と一緒になった。それでフウテンのゴロが出て来るときに、彼は私たちの知っているTのところへレポを頼んだのである。

それによると、私が非常に追及されていること、ロイド眼鏡をかけていることさえも知られていること、それからあんな奴《やつ》は少し金さえかければ直ぐ捕まえる事が出来ると云っているから充分に注意して欲しいとあった。それを聞いて私は、

「反対に、太田が何もかもしゃべったから、俺が追及されてるんだ。」

と云った。

「そうだよ、君がロイドの眼鏡をかけているかいないかは、パイの奴が君だと分って君と顔をつき合せない以上分らないことじゃないか――」

と、須山も笑った。

それで私達は太田のレポは自分のやったことを合理化するために書かれているということになった。そんなことよりも、私達は太田が警察でどういうことを、どの程度まで陳述しているかということが知りたいのだ。それによって、私達は即刻にも対策をたてなければならぬではないか。私は、太田はこのようではキット早く出てくるが、こういう態度の奴は一番気をつけなければならぬ、と思った。

然し工場では、働いているところから太田が引張られたゞけ、それは尠《すく》なからず衝動を皆に与えた。今迄ビラを入れてくれていた人はあの人であったのか、という親しい感動を皆に与えた。しかも、事ある毎にオヤジから「虎《とら》」（ウルトラという意味）だとか、「国賊」だとか云われていた恐ろしい「共産党」が太田であり、それは又自分たちには見えない遠い処の存在だと思っていたのに、毎日一緒にパラシュートの布にアイロンをかけて働いていた太田であることが分ると、皆はその意外さに吃驚《びっくり》した。「太田さんは何時でも妾達《わたし》のことばかり考えてくれて、それで引張られて行った人だから、工場の有志ということにして、何んか警察に差入れしてあげようよ」伊藤ヨシは太田の事件を直ぐそんな風にとりあげて、金や品物を集めた。七人程がお金を出した。その中には太田を好きだという女もいた。ヨシは太田のことからビラの話をし、工場の仕事の話などから、とう〳〵八人ほどを仲間にすることに成功した。彼女は長い間の工場生活から、どんなことを取り上げると皆がついて来るか知っていた。それにパラシュートの方は殆んど女ばかりだったので、太田などはなかなか「評判」だった。彼女はそれをも巧みにつかんだのだ。彼女は八人のうちから積極的なのを選んで、「倉田工業内女工有志」という名を出して、警察に差入にやった。サルマタ、繻袢《じゅばん》、袷《あわせ》、帯、手拭、チリ紙、それに現金一円。警察では、その女をしばらく待たして置いてから、中《なか》で太田が志は有難いが、考える処あって貰えないと云っているから持って帰れと云った。慣れない女は仲間の四五人と一緒に、その差入物を持って帰ってきた。伊藤は自分が以前警察で、勝手にそんなカラクリをさせられた経験があるので、もう一度警察に行って、無理矢理に差入物を置かせて来た。――ところが、後で須山から太田のことを聞かせられて、彼女はカン〳〵に怒った。

　太田などは、自分の心変りや卑屈さが、自分だけのことゝ考えているだろう。だが、それは沢山の労働者の上に大きな暗いかげを与えるものだと云うことを知らないのだ。彼奴は個人主義者で、敗北主義者で、そして裏切者だ。彼はそれに未《ま》だ警察に知れていない私の部署、その後の私の行動に就いてもしゃべっているのだ。とすれば、私がこれから倉田工業の仲間たちと仕事をして行くことは十倍も困難になってくるわけである。――私達はこうして、敵のパイ共からばかりでなく、味方のうちの「腐った分子」によっても、十字火を浴びせられる。その日交通費もあまり充分でなかったので、歩いて帰った。途中私の神経は異常に鋭敏になっていた。会う男毎にそれがスパイであるように見えた。私は何べんも後を振りかえった。太田の「申上げ」によって、彼奴等は私を捕かもうとして、この地区を厳重に見張りしていることは考えられるのだ。ヒゲの話によると、（前に話したことがあった）彼奴等は私達一人を捕かむと五十円から貰えるということだ。彼奴等はそのエサに釣られて、夢中になっているだろう。――だが、こういう落付かない時は、えて危いと思った。私はつかまってはならない。私は「しるこ屋」に入ってゆっくり休み、それから帰ってきた。

私達は退路というものを持っていない。私たちの全生涯はたゞ仕事にのみうずめられているのだ。それは合法的な生活をしているものとはちがう。そこへもってきて、このような裏切的な行為だ。私たちはそれに対しては全身の憤怒《ふんぬ》と憎悪《ぞうお》を感じる。今では我々は私的生活というべきものを持っていないのだから、全生涯的感情をもって(若しもこんな言葉が許されるとしたら)、憤怒し、憎悪するのだ。

私はムッとしていたらしい。下宿の出入りには、おばさんに何時《いつ》もちアんと言葉をかけることになっていながら、私はそれも忘れ、二階に上がってしまった。

私は机の前に坐《すわ》ると、

「畜生!」

と云った。

その後、私は笠原と急に親しくなった。私は自分でも妙なものだと思った。彼女は頼んだ用事を何くれとなく、きちんと足してくれた。太田の裏切から私は最近別な地区に移ることに決めたが、自分で家を探がして歩くわけにも行かなかったので、それを笠原に頼んだ。それと同時に私は笠原と一緒になることを考えてみた。非合法の仕事を確実に、永くやって行くためにも、それは都合がよかったのだ。

下宿に男が一人でいて、それが何処にも勤めていなくて、しかも毎夜（夜になると）外出する――これこそ、それと疑われる要素を完全に揃《そろ》えていることになる。工場に勤めていた時は、そんな点はまあよかったが。殊《こと》に一晩のうちに平均して三つか四つ連絡があって、その間に一時間もブランクがある時には、外でウロ〳〵しているわけにも行かず、一《ひと》まず家に帰ってくる。そして又出掛ける。そんな時、おばさんは現実に奇妙な顔をした。何をして食ってるんだろう？　おばさんの奇妙な顔はそう云っている。こういう状態だと、戸籍調べの巡査が来た時に、直《す》ぐ見当をつけられてしまうおそれがあったのだ。

笠原は会社に勤めているので、朝一定の時間に出る。そうなれば私がブラ〳〵しているように見えても、細君の給料で生活しているということになる。世間は一定の勤めをもっている人しか信用しないのだ。――それで私は笠原に、一緒になってくれるかどうかを訊《き》いた。それを聞くと、彼女は又突然あの大きな（大きくした）眼で私の顔を見はった。彼女は然《しか》し何も云わなかった。私はしばらくして返事をうながした。

が黙っている。彼女はその日とう〳〵何も云わないで、帰ってしまった。

その次に会うと、笠原は私の前に今迄《まで》になくチョコナンと坐っているように見えた。それは如何《いか》にもチョコナンとしていた。肩をつぼめて、両手を膝《ひざ》の上に置き、身体《からだ》を固くしていた。彼女の下宿に泊った次の朝、下宿から一歩出たとき、「あ――あ、よかった畜生め！」と男のような明るさで叫んだ女らしさが何処《どこ》にも見えなかった。私はそれを不思議に眺めた。

私達は色々と用事の話をした。その話が途切れると、女はモジ〳〵した。二人ともこの前の話を避け、それを後へ後へと残して行った。用事が済んでから、私はとう〳〵云った。――彼女は自分の決心をきめて来ていたのだった。

私と笠原はその後直ぐ一緒に新しい下宿に移った。そこは倉田工業から少し離れていたが、須山や伊藤は電車でも歩ける「身分」なので、こっちへ出掛けて来てもらった。それで交通費を節約し、道中の危険を少なくすることが出来た。

四

須山はそっちの方に用事があると、時々私の母親のところへ寄った。そして私の元気なことを云い、又母親のことを私に伝えてくれた。

私は自分の家を出るときには、それが突然だったので、一人の母親にもその事情を云い得ずに潜ぐらざるを得なかったのである。その日は夜の六時頃、私は何時ものレンラクに出た。私は非合法の仕事はしていたが、ダラ幹の組合員の一人として広汎《こうはん》な合法的場面で、反対派として立ち働いていたのである。ところが六時に会ったその同志は、私と一緒に働いていたFが突然やられたこと、まだその原因はハッキリしていないが、直接それとつながっている君は即刻もぐらなければならないことを云った。

私は一寸呆然《ちよつとぼうぜん》とした。Fの関係で私のことが分るとすれば、それは単にダラ幹組合の革命的反対派としてゞは済まない。オヤジの関係になるのだ。私は一度家に帰って始末するものはして、用意をしてもぐろうと思い、そう云った。それだけの余裕はあると思った。するとその同志は（それがヒゲだったのだが）、

「冗談も休み休みに云うもんだ。」

と、冗談のように云いながら、然し断じて家へは帰ってはならないこと、始末するものは別な人を使ってやること、着のみ着まゝでも仕方がないことを云った。「修学旅行ではないからな」と笑った。ヒゲは最も断乎《だんこ》としたことを、人なつこさと、一緒に云い得る少数の人だった。彼は、もぐっている同志がとう〳〵行く処がなくなって、

「今晩はよもや大丈夫だろう」と云うので自分の家に帰り、その次の朝つかまった話や、大切なものを処分するために、張り込んでいる危険性が充分に考えられる理由があるにも拘《かかわ》らず、出掛けて行って捕かまったという例を話した。彼はあまり、どうしてはいかぬとは云わない。そんな時は、それに当てはまる例を話すだけだった。色々な経歴を経て来ているらしく、そんな話を豊富に知っていた。

私はヒゲから有り金の五円を借り、友達の夫婦の家に転げこんだ。——ところが、次の朝やっぱり私の家へ本庁とS署のスパイが四人、私をつかむためにやってきたそうである。何も知らない母親は吃驚して、ゆうべ出てから未《ま》だ帰らないと云った。すると、その中で一番「偉そうな人」が風を喰らって逃げたのかな、と云ったそうである。

私はそのまゝ帰らなかったのである。それで須山が私の消息を持って訪ねて行ったときは、あたかも自分の息子でも帰ってきたかのように家のなかにあげ、お茶を出して、そしてまずまじ〳〵と顔を見た。それには弱ったと須山は頭を掻《か》いていた。彼は私が家を飛び出してからのことを話して、それが途切れたりすると、「それから？それから？」とうながされた。母親は今まで夜もろくに寝ていなかった、それで眼の下がハレぼッたくたるんで、頬がげッそり落ち、見ていると頭がガクガクするのではないかと思われるほど、首が細くしなびていた。終《しま》いに、母親は「もう何日したら安治は帰ってくるんだか？」と訊いた。須山はこれには詰まってしまった。何日？　然し今にもクラ〳〵しそうな細い首をみると、彼はどうしても本当のことが云えず、「サア、そんなに長くないんでしょうな……」と云ってきたという。

私の母親は、勿論《もちろん》私が今迄何べんも警察に引ッ張られ、二十九日を何度か留置場で暮すことには慣らされていたし、殊に一昨年は八ヵ月も刑務所に行っていた、母親はその間差入に通ってくれた。それで今ではそういうことではかえって私のしている仕事を理解していてくれているのである。ただ何故《なぜ》今迄通り、警察に素直につかまらないのかゞ分らなかった。逃げ廻っていたら、後が悪いだろうと心配していた。

私は今迄母親にはつら過ぎたかも知れなかったが、結局は私の退《の》ッぴきならぬ行動で示してきた。然し六十の母親が私の気持にまで近付いていることに、私は自分たちがこの運動をしてゆく困難さの百倍もの苦しい心の闘いを見ることが出来る気がする。

私の母親は水呑《みずのみ》百姓で、小学校にさえ行っていない。ところが私が家にいた頃から、「いろは」を習らい始めた。眼鏡をかけて炬燵《こたつ》の中に背中を円るくして入り、その上に小さい板を置いて、私の原稿用紙の書き散らしを集め、その裏に鉛筆で稽古《けいこ》をし出した。何を始めるんだ、と私は笑っていた。母は一昨年私が刑務所にいるときに、自分が一字も字が書けないために、私に手紙を一本も出せなかったことを「そればかりが残念だ」と云っていたことがあった。それに私が出てからも、ます〳〵運動のなかに深入りしているのが母の眼にも分った、そうすれば今度もキット引ッ張られるだろう、又仮りにそんなことが無いとしても、今は保釈になっているのだから、どうせ刑が決まれば入るのだから、その時の用意に母は字を覚え出しているのだった。私が沈む少し前には、不揃いな大きな字だったが、それでもちアんと読める字を書いているのに私は吃驚した。――ところが、母親は須山に「会えないだろうか？」と訊いて、さア会わない方がい、でしょう、と云《い》われると、「手紙も出せないでしょうねえ」と云ったそうである。私はそれを須山から聞いたとき、そう云ったときの母親の気持がジカに胸に来て弱った。

須山が帰るときに、母親は袷や襦袢や猿又や足袋を渡し、それから彼に帰るのを少し待って貰《もら》って、台所の方へ行った。暫《しば》らく其処《そこ》でコト〳〵させていたが、何をしているのだろうと思っていると、卵を五つばかりゆで、持ってきた。そして卵は十銭に三つも四つもするのだから、新しいのを選んで必ず飲むように云ってくれと頼まれた。私はその「うで卵」を須山や伊藤など、食った。「な、伊藤、俺等一つでやめよう。

後でおふくろにうらまれると困るから」と須山は笑った。伊藤は分らないように眼を拭《ふ》いていた。

その後須山が私の家に寄るときに、私は四年でも五年でも帰られないことをハッキリ云ってもらうことにした。そして私を帰られないようにしているのは、私が運動をしているからではなくて、金持ちの手先の警察なのだから、私をうらむのではなくて、この倒《さかさ》になっている社会をうらまなくてはならない事を云ってもらうことにした。うやむやのことより、ハッキリしたことが分らせれば、かえってそこに抵抗力が出てくる。それに、私の知っている仲間が警察につかまって、それが共産党に関係があると云われると、残された家族の妻とか母親とかゞ、私の夫とか息子にはそんな「暗い陰」が無いとか、「罪にひッかけようとして」共産党だなど、有りもしない事実を云っているのだとか、そんなことを云っていたものがあった。だが若《も》しもそうだとすれば、共産党というものは「暗い影」であり、又共産党なら罪にひッかけてもいゝのだということを、これらの仲間の残された人たちが自分の口から云っていることになる。私は、六十の母親だが、私の母親がそれと同じように考え或《ある》いは云ったりしてはならないと思った。私の母親はその過去五十年以上の生涯を貧困のドン底で生活してきている。ハッキリ伝えれば、理解出来ると思ったのである。

須山によると、私の母はそれを黙って聞いていたそうである。そしてそれとは別に、自分は今六十だし、病気でもすれば今日明日にも死ぬかも知れないが、そんな時は一寸でも帰って来れるのだろうか、ときいた。須山はそんなことは予期もしていなかったので、どう答えてい、か分らなかった。私は後で、そういう時でも帰れないのだ、ということを云ってやった。

「オラそんなこと云えないや！」

と、須山が困った顔をした。

私はこれらのことが母親には残酷であるとは思わぬでもなかったが、然し仕方のないことであるし、それらすべての事によって、母の心に支配階級に対する全生涯的憎悪を（母の一生は事実全くそうであった）抱かせるためにも必要だと考えた。それで私は念を押して、私が母の死目に会わないようなことがあるのも、それはみんな支配階級がそうさせているのだということを繰りかえすことを頼んだ。——だが、さすがにその日私は須山と会う時には、胸が騒いだ。

「どうだった？」

と訊いた。

「こう云ってたよ——」

私の母はこの頃少し瘦《や》せ、顔が蒼《あお》くなっているらしかった。そして一度会えないものかどうか、ときいたというのだ。

私はフト「渡政《わたまさ》」のことを思い出した。渡政が「潜ぐ」ったとき、彼のお母さんは(このお母さんはいま渡政ばかりでなく、全プロレタリアートのお母さんでもあるが)「政とはモウ会えないのだろうか」と同志の人にきいた。同志の人たちは「会えないのだ」ということをお母さんに云ったそうである。で、私はそのことを須山に云った。

「それは分るが、君の居所を知らせるわけでなし、一度位何処かで会ってやれよ。」

実際に私の母親の様子を見てきた須山は、それにつまされていた。

「が、それでなくても彼奴等は俺を探がしているのだから、万一のことがあるとな。」

が、とう〳〵須山に説き伏せられた。充分に気をつけることにして、何時も私達の使わない地区の場所を決め、自動車で須山に連れて来てもらうことにした。時間に、私はその小さい料理屋へ出掛けて行った。母親はテーブルの向う側に、その縁《ふち》から離れてチョコンと坐っていた。浮かない顔をしていた。見ると、母はよそ行きの一番いゝ着物を着ていた。それが何んだか私の胸にきた。

私たちはそんなにしゃべらなかった。母はテーブルの下から風呂敷《ふろしき》包みを取って、バナヽとビワと、それに又「うで卵」を出した。須山は直ぐ帰った。その時母は無理矢理に卵とバナ、を彼の手に握らしてやった。

少し時間が経《た》つと、母も少しずつしゃべり出した。「家にいたときよりも、顔が少し肥えたようで安心だ」と云った。母はこの頃では殆《ほと》んど毎日のように、私が痩せ衰《おとろ》えた姿の夢や、警察につかまって、そこで「せっかん」(母は拷問《ごうもん》のことをそう云っていた)されている夢ばかり見て、眼を覚ますと云った。

母は又茨城にいる娘の夫が、これから何んとか面倒を見てくれるそうだから安心してやったらいいと云った。話がそんなことになったので、私は今迄須山を通して伝えてもらっていた事を、私の口から改めて話した。「分ってる」と、母は少し笑って云った。

私はそれを中途で気付いたのだが、母親は何んだか落着かなかった。何処か浮腰で話も終いまで、しんみり出来なかった。——母はとう〳〵云った、お前に会う迄は居ても立ってもいられなかったが、こうして会ってみると、こんなことをしている時にお前が捕かまるんじゃないかと思って、気が気でない、それでモウそろ〳〵帰ろうと云うのだった。道理で母は時々別なテーブルにお客さんが入ってくると、その方を見て、「あのお客さんは大丈夫らしい」とか、又別な人が入ってくると、「あの人は人相が悪い」とか云っていた。私がかえって知らずに家《うち》にいた時のような声でものをしゃべると、母がもう少し低くするように注意した。母は、会っていて、こんなに心配するよりは、会わないでいて、お前が丈夫で働いているということが分っていた方がずッといい、と云った。

母は帰りがけに、自分は今六十だが八十まで、これから二十年生きる心積《つも》りだ、が今六十だから明日にも死ぬことがあるかも知れない、が死んだということが分れば矢張りひょっとお前が自家《うち》へ来ないとも限らない、そうすれば危いから死んだということは知らせないことにしたよ、と云った。死目に遇《あ》うとか遇わぬとかいうことは、世の普通の人にとってはこれ以上の大きな問題はないかも知れぬ。しかも六十の母親にとっては。母がこれだけのことを決心してくれたことには、私は身が引きしまるような激動を感じた。私は黙っていた。黙っていることしか出来なかった。

外へ出ると、母は私の後から、もう独りで帰れるからお前は用心をして戻ってくれと云った。それから、急に心配な声で、

「どうもお前の肩にくせがある……」

と云った。「知っている人なら後からでも直《す》ぐお前と分る。肩を振らないように歩く癖をつけないとねえ……」

「あ、みんなにそう云われてるんだよ。」

「そうだろう。直ぐ分る！」

母は別れるまで、独り言のように、何べんも「直ぐ分る」を云っていた。

私はこれで今迄に残されていた最後の個人的生活の退路——肉親との関係を断ち切ってしまった。これから何年目かに来る新しい世の中にならない限り（私たちはそのために闘っているのだが）、私は母と一緒に暮すことがないだろう。

その頃ヒゲからレポが入った。

ヒゲは始めT署に五日ばかりいて、それからK署に廻わされ、そこで二十九日つけられた。須山や伊藤たちの出入りしているTのところへ、彼と檻房《かんぼう》が一緒だった朝鮮の労働者がレポを持ってきたので、始めて分った。レポには、自分はアジトでやられたこと、然《しか》しその理由はどうしても見当がつかないこと、陣営を建て直すのに決して焦ったり、馬車馬式になったり、便宜主義になったりしないこと、そんなことが書かれていた。「焦《あせ》ったり、馬車馬式に」というところと、「便宜主義」というところにはワザ／＼「。」をつけていた。

それを見て、私や須山や伊藤は、自分たちは「焦ったり」「馬車馬式」になったりするほどにさえも仕事をしていないことを恥じた。

ヒゲの家《うち》には両親や兄弟が居《お》り、その方からも私の名宛《あて》で（私たちの間だけで呼ばれていた名で）レポが入ってきた。——自分は「白紙の調書」を作る積りであること、私は一切のことを「知らない」という言葉だけで押し通していること。みんなはそれを見ると、

「これで太田のときの胸糞《むなくそ》が晴れた！」と云った。

私たちは、どんな裏切者が出たり、どんな日和見《ひよりみ》主義者が出ても、正しい線はそれらの中を赤く太く明確に一線を引いていることを確信した。

ヒゲは普段口癖のように、敵の訊問《じんもん》に対して、何か一言しゃべることは、何事もしゃべってはならぬという我々の鉄の規律には従わないで、何事かをしゃべらせるという敵の規律に屈服したことになるというのだ。共産主義者・党員にとっては敵の規律にではなく、我々の鉄の規律に従わなければならないことは当然だ、と云っていた。今彼は自分で実際にそれを示していたのだ。

「ヨシ公はシャヴァロフって知ってるか？」

と、須山が云った。

「マルクス主義の道さ。」

「又切り抜帳《スクラップ・ブック》か？」と私は笑った。

「シャヴァロフはつかまったとき、七ヵ月間一言もしゃべらないでがん張ったそうだ。そして曰《いわ》くだ、――一人の平凡人にとっては、如何《いか》なる陳述もなさない事、即《すなわ》ち俺が七ヵ月頑張った其《そ》の戦術に従うに越したことはない、と云っている。」

それを聞くと、伊藤は、

「ところが、この前プロレタリアの芝居にもなったことのある私達の女の同志は、ちゃんと向うに分っている自分の名前や本籍さえも云わないで、最後まで頑張り通して出てきたの。――シャヴァロフ以上よ！」

と云った。

彼女はそれを自分のことのようにいった。須山はそれで口惜《くや》しそうに頭をゴス〳〵掻《か》いた。

そこで、私達は、「一平凡人として」敵の訊問に対しては一言も答えないということを、こゝの細胞会議の決議として実行することにした。更にこの決議は此処《ここ》だけに止《とど》めず上層機関に報告し、それを党全体の決議とするように持って行くことにした。

その後にTに入ったレポによると、ヒゲは更にK署からO署にタライ廻しにされ、そこで三日間朝から夜まで打《ぶ》ッ続けに七八人掛りで拷問をされた。両手を後に縛ったま、刑事部屋の天井に吊《つる》し上げられ、下からその拷問係が竹刀《しない》で殴ぐりつけた。彼が気絶すると水を呑《の》まし、それを何十度も繰りかえした。だが、彼は一言も云わなかった。

伊藤はそのレポを見ると、「まッ憎らしいわねえ！」と云った。彼女も二度ほど警察で、ズロースまで脱ぎとられて真ッ裸にされ、竹刀の先きでコズキ廻わされたことがあったのだ。

これらの同志の英雄的闘争は、私達を引きしめた。私はどうしても明日までやってしまわなければならない仕事が眠いために出来なく、寝ようと思う、そんなときに中《なか》の人たちのことを考え、我慢し、ふん張った。中の人のことを考えたら、眠いこと位は何んでもないことだった。――今中の人はどうしているだろう、殴られているだろう、じゃこの仕事をやってのけよう。そんな風で、我々の日常の色々な生活が中《なか》の同志の生活とそのまゝに結びついていた。内と外とはちがっていても、それが支配階級に対する闘争であるという点では、少しの差異がなかったからである。

五

伊藤は臨時工のなかに八九人の仲間を作った。——倉田工業では六百人の臨時工を馘《くび》きるということが愈〻《いよいよ》確実になり、十円の手当も出しそうにないことが（共産党のビラが撒《ま》かれてから）誰の眼にもハッキリしてきた。その不安が我々の方針と一致して、親睦会めいた固《かた》まりは考えたよりも容易《たやす》く出来た。

女たちは工場の帰りには腹がペコ〳〵だった。伊藤や辻や佐々木たちは（辻や佐々木は仲間のうちでも一番素質がよかった）皆を誘って「しるこ屋」や「そばや」によった。一日の立ちずくめの仕事でクタ〳〵になっているみんなは甘《あま》いものばかりを食った。そして始めて機械のゴー音が無くなったので、大声で、たった一度に一日中のことをみんなしゃべってしまおうとした。

伊藤たちは次のようにやっていた。伊藤はみんなのなかでも、「あれ」ということになっていた。それで、しるこ屋などで伊藤は「それらしいこと」を話しても別に不自然でなかった。辻と佐々木は「サクラ」をやった。みんなと一緒になり、ワザと色々な、時には反動的なことを伊藤に持ち出して、そういうことについて話のキッかけを作らせた。それは始めのうちはお互いの調子がうまくとれないで、どまつき、同じところをグル〳〵めぐりをしたりした。或《あ》るときなどはグルになっている化けの皮が剝《は》げそうになって、ヒヤ〳〵した。そんな時は、終ってしるこ屋の外に出ると、三人とも自分がぐッしょり汗をかいているのに気付いた。が、一回、二回、と眼に見えて巧妙になって行った。サクラになるものが上手だと少しの考えもなく、たゞ友達位のつもりでついて来た女工をもうま〳〵と引きつけることが出来た。だからサクラになるものは、意識の低い、普通の女工が知らずに抱いているような考えや偏見などをハッキリ知っていなければならなかった。

　女工たちは集まると、話すことは誰と誰が変だとか、誰と誰がくッついたとか、くッつかぬとか、そんなことばかりだった。伊藤が連絡のとき、こんなことを私に話したことがある。――マスクにいる吉村という本工からキヌちゃんというパラシュートの女工に、「何処《どこ》か静かなところで、ゆっくりお話しましょう」というラブ・レターが来たというので、皆が工場を出るなり、キャッ〳〵と話している。そばやに行ってからも、そればかりが話題になった。キヌちゃんはその手紙を貰《もら》ってから、急にお白粉《しろい》が濃くなったとか、円鏡《まるかがみ》に紐《ひも》をつけて帯の前に吊し、仕事をしながら始終覗《のぞ》きこ、んでいるとか、際限がない。ところが、仲間でも少し利口なシゲという女が、こんなことを云《い》った。キヌちゃんがシミ〴〵とシゲちゃんにこぼしたというのだ——静かなところで、ゆっくりお話したいと云うけれども、工場の中はこんなにガン〳〵しているし、夜業して帰ると九時十時になってクタクタに疲れているし、それにあの人は七時頃帰えるので一緒になることが出来ないって。誰か「可哀相《かわいそう》にね」と云った。するとサクラの佐々木が、「これじア私たち恋を囁やくことも出来ないのねえ！」と云った。皆は「そうだ」とか、「本当ねえ！」とか云い始めた。

「恋を囁《ささ》やくためにだって、第一こんなに長い時間働かせられたら、たまったもんでないし、それにたまにあの人と二人で活動写真位は見たいもの、ねえ——」

みんなが笑って、「本当よ！」と云った。

「それにはこんな日給じゃ仕様がないわ！」

「そう。少し時間を減らして、日給を増してもらわなかったら、恋も囁やけないと来ている！」

「実際、会社はひどいよ！」

「私んとこのオヤジね、あいつ今日こんなことを怒鳴ったの、今はどんな時だか知っているか、戦争だぞ、お前等も兵隊の一部だと思って身を粉にして働かなけアならないんだ。もう少し戦争がひどくなれば、兵隊さんと同じ位の日給でドシ〳〵働いてもらわなくてはならないんだ。それが国のためだって。——ハゲッちョそんなことを云ってたよ！」

これには伊藤も吃驚《びっくり》してしまった。「恋を囁やく」話が伊藤さえもがそれと気付かぬうちに、会社の待遇の問題に入って行っているのだ。このところサクラまであっけにとられた形だった。話はそれから少しの無理押しつけというところもなく、会社の仕打ちに対する攻撃になった。

私はその話を伊藤から聞き、本当だと思った。戦争が始まってから労働強化は何処でもヒドクなっているのだが、同一の労働（或《ある》いは同一以上の労働）をしているにも拘《かかわ》らず、女工に対する搾取《さくしゅ》は急激に強まっている。今では全く「恋を囁やく」ということさえも、その経済上の解決なくしては不可能になっている。それを皆はそういう言葉としてゞはなしに感じているのだ。

伊藤は最近この連中を誘って、何か面白い芝居を見に行くことになっていた。伊藤や辻や佐々木は、皆が浅草のレヴューか片岡千恵蔵にしようと考えているので、それを「左翼劇場」にするためにサクラでアジることになっている。

私は伊藤の報告のあとでそのグループに男工をも入れること、それは須山と連絡をとってやればそんなに困難なことではなく、一人でも男工が入るようになれば又皆の意気込がちがうこと、もう一つの点はそのグループを臨時工ばかりにしないで本工を入れるようにすること、このことが最も大切なことだ、と自分の考えを云い、彼女も同意した。

それから私達は六百人の首切にそなえるために、今迄《まで》入れていたどっちかと云えば工新式のビラをやめて、ビラと工場新聞を分けて独立さすことにした。須山に工新の題を考えて置けと云ったら、彼は「恋のパラシュート」としてはどうだ、と鼻を動かした。

工新は「マスク」という名で出すことになった。私は今工場に出ていないので、Sからその編輯《へんしゅう》を引き受けて、私の手元に伊藤、須山の報告を集め、それをもとにして原稿を書き、プリンターの方へ廻わした。プリンター付きのレポから朝早く伊藤が受取ることになっていた。私は須山、伊藤とは毎日のように連絡をとり、工新の影響を調らべ、その教訓を直ぐ「マスク」の次の編輯に反映さした。

伊藤や須山の報告をきいていると、会社の方も刻々と対策を練っていることが分った。今では十円の手当のことや、首切りのことについては無気味なほど何も云わなくなっていた。それは明かに、何か第二段の策に出ているのだ。勿論《もちろん》それは十円の手当を出さないことや、首切りをウマ〳〵とやってのけようとするための策略であることは分る。がその策略が実際にどのようなものであるかゞハッキリ分り、それを皆の前にさらけ出すのでなかったら、駄目だ。相も変らず今迄通りのことを繰りかえしているのならば、皆は我々の前から離れて行く。我々の戦術は向うのブルジョワジーのジグザッグな戦術に適確に適応して行かなければならない。私たちの今迄の失敗をみると、最初のうちは何時《いつ》でも我々は敵をおびやかしている。ところが、敵が我々の一応の遣《や》り方をつかむと、それの裏を行く。ところが我々は敵が一体どういう風にやろうとしているのかという点を見ようともせずに、一本槍《やり》で同じようにやって行く。そこで敵は得たりと、最後のどたん場で我々を打《うつ》ちゃるのだ。

さすがに伊藤はそれに気付いて「どうも此《こ》の頃変だ」と云う。然しそれが何処にあるのか判《わか》らない。

次の日須山は小さい紙片を持ってきた。

掲　示

皆さんの勤勉精励によって、会社の仕事が非常に順調に運んでいることを皆さんと共に喜びたいと思います。皆さんもご承知のことゝ思いますが、戦争というものは決して兵隊さんだけでは出来るものではありません。若《も》しも皆さんがマスクやパラシュートや飛行船の側《がわ》を作る仕事を一生懸命にやらなかったら、決して我が国は勝つことは出来ないのであります。でありますから或いは仕事に少しのつらいことがあるとしても、我々も又戦争で敵の弾を浴びながら闘っている兵隊さんと同じ気持と覚悟をもってやっていたゞき度《た》いと思うのです。

一言みなさんの覚悟をうながして置く次第であります。

工　場　長

「我々の仕事は第二の段階に入った！」

と須山が云った。

工場では、六百人を最初の約束通りに仕事に一定の区切りが来たら、やめて貰うことになっていたが、今度方針を変えて、成績の優秀なものと認めたものを二百人ほど本工に繰り入れることになったから、各自一生懸命仕事をして欲しいと云うのだった。そしてその噂《うわ》さを工場中に撒きちらし始めた。

私と須山は、うなった。明かにその「噂さ」は、首切りの瞬間まで反抗の組織化されることを妨害するためだった。そして他方では「掲示」を利用し、本工に編成するかも知れないというエサで一生懸命働かせ、モット搾《しぼ》ろうという魂胆だったのである。

須山はその本質をバク露するために、掲示を写してきたのだった。これで私たちは会社の第二段の戦術が分った。

私と須山と伊藤は毎日連絡をとった。が、連絡だけでは精密な対策が立たないので、一週に一度の予定で三人一緒に「エンコ」（坐《すわ》ること）することになっていた、その家の世話は伊藤がやった。須山と伊藤は存在が合法的なのでよかったが、私が一定の場所に二時間も三時間も坐り込んでいることは可なり危険なので、細心の注意が必要だった。私は伊藤と街頭連絡で場所をきゝ、その周囲の様子をも調らべてみて安全だと分ると、彼女と須山に先に行ってもらって、私は別な道を選んで其処《そこ》へ出掛けることにしていた。私はそこへ行っても直《す》ぐ入らずにある一定の場所を見る。その家に異常がないと、その場所に伊藤が「記号《しるし》」をつけて置くことになっていたからである。

昼のうちむれていたアスファルトから生温かい風が吹いている或る晩、私は須山と伊藤に渡す「ハタ」（機関紙）とパンフレットを持って家を出た。その夜は「エンコ」することになっていた。途中まで来ると、街角に巡査が二人立っていた。それからもう一つの角にくると、其処には三人立っている。これはいけないと思った。ものを持っているので、今日の会合をどうしようかと思った。そう思いながら、まだ決まらず歩いていると、交番のところにも巡査が二三人立っていて、驚いたことには顎紐《あごひも》をかけている。途中から引ッ返えすことはまずかったが、仕方なかった。私は一寸《ちよつと》歩き淀《よど》んだ。すると、交番の一人がこっちを見たらしい、そして私の方へ歩いて来るような気配を見せた。――私は突嗟《とつさ》に、少しウロ〳〵した様子をし、それから帽子に手をやって、「S町にはこっちでしょうか――それとも……」

と、訊《き》いた。

巡査は私の様子をイヤな眼で一《ひと》わたり見た。

「S町はこっちだ。」

「ハ、どうも有難う御座います。」

私はその方へ歩き出した。少し行ってから何気なく振りかえってみると、私を注意した巡査は後向きになり、二人と何か話していた。畜生め！　と思った。そして私は懐《ふところ》の上から「ハタ」や「パンフレット」をたゝいた。「口惜《くや》しいだろう、五十円貰い損いして！」

私は万一のことを思い、とう〳〵家へ帰ってきた。次の朝新聞を見ると、人殺しがあったのだった。私たちはよく別な事件のために側杖《そばづえ》を食った。が、彼奴等はえてそんな事件を口実にして、「赤狩り」をやったのだ。現に彼奴等はその度毎《ごと》に「思わぬ副産物があった」とほざいているのがその証拠だ。Sによると、外国の雑誌に、日本では夜遅く外を歩く自由も、喫茶店で無理矢理な官憲の点検を受けずには、のんびりと話し込む自由もないと書いてあるそうだが、それは本当だ。そしてそれは特に我々への攻撃のためである。

私は常に新聞に注意し、朝出るときとか、夜出るときは、自分の出掛ける方面に何か事件が無いかどうかを調べてからにした。殊《こと》に今迄逃げ廻わっていた人殺しとか強盗が捕ったりした記事は隅から隅まで読んだ。その時には自分の取っている新聞ばかりでなく、色々な新聞を笠原に買わして、注意して読んだ。ある時七年間隠れていたという犯人の記事などは多くの点でためになった。私は毎朝の新聞は、まずそういう記事から読み出した。

――私は今一緒に沈んでいるSやNなどの間で、「捕かまらない五ヵ年計画」の社会主義競争をやっている。それは五ヵ年計画が六ヵ年になり七ヵ年になればなる程、成績が優秀なので、「五ヵ年計画を六ヵ年で！」というのがスローガンである。そのためには、日常行動を偶然性に頼っていたのでは駄目なので、科学的な考顧の上に立って行動する必要があった。笠原は時々古本屋から「新青年」を買ってきて、私に読めと云う。私もどうやら時には探偵小説を、真面目《まじめ》に読むことがある。

次の日、定期の連絡に行くと、須山は私を見るや、「よかった、よかった！」と云った。彼は私が（私は約束を欠かしたことがないので）やられたものとばかり思い、実は君の顔を見るまで、悪い想像ばかりが来て弱っていたと云うのである。私は昨日の側杖を食ったことを話した。そして、

「五ヵ年計画を六ヵ年で、じゃないか！」

と、笑った。

「それはそうだが……」

昨日私が「人殺し」の側杖をくって「エンコ」が出来なかったので、須山は今日それが出来るように用意してきていた。場所は伊藤の下宿だった。彼女はこゝ一二日のうちにそこを引き移るので、下宿を使うことにしたのである。下宿人が七八人もいるので、条件はあまり良くはなかった。私は若し小便が出たくなったら、伊藤が病気のときに買って置いた便器を使って、便所へ降りて行かないことにした。便所で同宿の人に顔を合わせ、若しもそれが知っている人であったりしたら大変である。

私は二人に「そっちを見てろよ」と云って、室の隅ッこに行き、その硝子《ガラス》の便器に用を足した。伊藤は肩をクッ〳〵と動かして笑った。

「臭いぞ！」

と、須山は大げさに鼻をつまんで見せた。

「キリンの生《なま》だ！」

私は便器を隅の方へ押してやりながら、そんなことを云って二人を笑わせた。

倉田工業はいよ〳〵最後の攻勢に出ていることが分った。それは例えば伊藤の報告のうちに出ていた。伊藤と一緒に働いているパラシュートの女工が、今朝入った「マスク」の第三号を読んでいると、四五日前に新しく工場に入ってきた男工が、いきなりそれをふんだくって、その女工を殴ぐりつけたというのである。「マスク」やビラが入ると、みんなはオヤジにこそ用心すれ、同じ仲間には気を許す。それでうっかりしていたのであった。それを見ていた伊藤はどうも様子が変だと思い、その男を調べてみることにした。後で掃除婦から、その男工はこの地区の青年団の一員で在郷軍人であり、戦争が始まってから特別に雇われて入ってきたということが分った。それからその男に注意していると、第一工場にも第三工場にも仲間がいるらしい。時間中でも台を離れて、他の工場に出掛けてゆくことがあった。注意していると、オヤジはそれを見ても黙っていた。それに最近は倉田工業内に以前からあった（あったが今迄何も運動していなかった）大衆党系の「僚友会」の清川、熱田の連中とも往《ゆ》き来《き》しているらしいことが分った。

おかしなことは、今迄何もしていなかった僚友会が此の頃少し動き出していること、第二には（それは何処《どこ》から出ているのか、ハッキリは分らなかったが、）国家非常時のときでもあるし、重大な責任のある仕事を受け持っている我々は他の産業の労働者よりもモット自重し緊張しなければならない、そこで倉田工業内の軍籍関係者で在郷軍人の分会を作ろうではないかという噂さが出ていること。工場長などは賛成らしいが、それは特別に雇われた連中から出ているらしく、僚友会の一二のものがそれに助力していることは確かだった。たゞそういうことは会社が表に立ってやるのでは効果が薄いので、職工の中から自発的に出てきたという風に策略していることもハッキリしている。

「君の方はどうなんだ？」

と須山にきくと、彼は、自分の方にはまだハッキリと現われていないが、と一寸考えてから最近昼休みなどに盛んに戦争のことなどについてしゃべり廻って歩いている男がいると云《い》った。「伊藤君の今の報告で気付いたのだが」と、彼は今迄は昼休みなどに皆の話題になるのは戦争の話だとか、景気のことなどだったが、それについては皆が何処かゝら聞いてきたことや、素朴な自分の考えやを得意になって一席弁じたてたり、又しょげ込んで話したりするのだが、気付いてみると、そういうのとはちがった、何処か計画的に、煽動《せんどう》的にしゃべり廻っている奴《やつ》がいるらしいと云うのだ。——これでもってみると、向うが全面的にやり出していることは、最早《もはや》疑うべくもなかった。

そして我々が彼等に勝つためには、敵の勢力の正確な、科学的な認識が必要だった。今彼等は自分たちが上から従業員を無理強《むりじ》いするだけでは足りないということ、又工場の往き帰りを警察の背広で見張りさせることだけでも足りないということを知って、第三段の構えとして職工たち自身の中から我々の組織の喰込みの妨害をさせることが必要であると考えているのだ。そのために僚友会が動き出しているし、工場の中に青年団や在郷軍人の分会の組織を押し広げようとしていることが分る。工場が工場なだけに（軍需品工場なので）これらの組織が作られ易《やす》い危険な条件をそなえている。私たちは今三方の路《みち》から、敵の勢力と対峙《たいじ》していると云わなければならない。

須山によると、工場の中で戦争のことをしゃべり廻って歩いている遣り方は、今迄《まで》のようにたゞ「忠君愛国」だとか、チャンコロが憎いことをするからやッつけろとか、そんなことではなくて、今度の戦争は以前の戦争のように結局は三井とか三菱が、占領した処《ところ》に大工場をたてるためにやられているのではなくて、無産者の活路のためにやられているのだ。満洲を取ったら大資本家を排除して、我々だけで王国をたてる。

内地の失業者はドシ〳〵満洲に出掛けてゆく、そうして行く〳〵は日本から失業者を一人もいなくしよう。ロシアには失業者が一人もいないが、我々もそれと同じようにならなければならぬ。だから、今度の戦争はプロレタリアのための戦争で、我々も及ばずながら、その与えられた部署々々で懸命に働かなければならない、と云っていた。

僚友会の清川や熱田は、今度の戦争は結局は大資本家が新しい搾取《さくしゅ》を植民地で行うための戦争であると云って、昼休みに在郷軍人や青年団の職工など、議論をした。ところが清川は、たゞ今度の戦争は他の方面ではプロレタリアのために利益をもたらしている、例えば金属や化学の軍需品工場などでは人が幾ら居ても足りない盛況だし、それは所謂《いわゆる》「戦争株」の暴騰《ぼうとう》を見ても分る、(そして何処で聞いてきたのか)帝国火薬の株はもと四円が今九円という倍加を示しているし、石川島造船は五円が二十五円という状態になって居《お》り、弾丸製造に使うアンチモニーは二十円前後の相場が今百円位になっている。更に、ドイツは世界戦争で負けて滅茶々々《めちゃめちゃ》になったと思っているが、クルップ鉄工場などは平時の十倍もの純益をあげている。それだけ又我々の生活もお蔭《かげ》を蒙《こうむ》るのだから、一概に戦争に反対したって始まらない、その限りで利用しなければならない、そういうのが彼等の意見だった。こゝへくると、はじめ青年団や在郷軍人と議論していても何時《いつ》の間にか意見が合っていた。

昼休みの様子をみていると、青年団の「満洲王国」の話は、何んだか夢のような、それは信じていゝのかどうか、若しも本当だとすればいゝがという程度だったが、清川たちの話には臨時工などが賛成だった。戦争に行って死んだり、不具になったり、又結局「満洲王国」と云ったところで、そんなに自分たちのためになるかどうか分ったものでない、然《しか》しとにかく戦争があったゝめに自分達は長い間の失業からどうにか職にありつけたのである、だから仕事は臨時工だというので手当もなく、強制残業させられたり、又たゞ臨時工だからというので本工と同じ分量の仕事をしているにも拘《かかわ》らず賃銀が安かったりするのが不満だったが、とにかく戦争のお蔭を蒙っていると考えていた。

清川のように自分が少なくとも「労働者のための」政党である大衆党の一人であるということさえも忘れて、まるで資本家にでもなったようにその株の値段を心配してやったり、そのお蔭のことを考えているような意見でも、職工たちの（殊に臨時工の）目先きだけの利益を巧みにつかんでいるのである。

伊藤は、自分や自分たちの仲間は、皆んなの前でそんな考え方の裏を掻《か》いて、女工たちにちゃんと納得させるという段になると、下手だし、うまく反駁《はんばく》が出来ない。

「歯がゆくて仕方がない」と云った。私は伊藤のこのことは本当だと思った。私たちは今度の戦争の本質が何処にあるかということは、ハッキリ知っている。然し自惚《うぬぼ》れなく、私たちはそのことをみんなに納得させること、つまりみんなの毎日の日常の生活に即して説明してやることでは、まだ〳〵拙《まず》いのだ。レーニンは、戦争の問題では往々にして革命的労働組合でさえ誤まることがあると云っている。そこへもってきて清川とか熱田とかはモットそれを分らなくするために努力しているのだから、益〻《ますます》むずかしい。

会社では、此頃《このごろ》五時のところを六時まで仕事をしてくれとか、七時までにしてくれとか云って、その分に対しては別に賃銀を支払うわけでもなかった、そんなことは此頃では毎日のようになっていた。臨時工などはブツ〳〵云いながらも、それをしなかったりすると、後で本工に直して貰《もら》えないかも知れないと云うので、居残った。が、六時迄やるとどうしても弁当を食わなければ出来ない。弁当代は出ない。すると六時迄仕事をやるために、かえって一日の貰い分が減るという状態なのである。それは賃銀を下げるぞと云わずに、実際では賃銀を下げているやり方なので、みんなは「人を馬鹿《ばか》にしてる」と云って、憤慨し出した。伊藤のいるパラシュートでは、六時まで居残りのときは「弁当代を出して貰わなければ、どうもならん」と、云っている。

そればかりでなく、最近では働く時間が十時間なら十時間と云っても、もと、はすっかりちがっていた。本工に組み入れられるかも知れないというので、みんなの働きは見違えるほど拍車がかけられていた。前には仕事をしながら隣りと話も出来たし、キヌちゃん式に前帯に手鏡を吊《つる》して、時々覗《のぞ》きこむことも出来たが、今ではポタ〳〵落ちる汗さえ袖《そで》で拭《ぬぐ》う暇がない。パラシュートなどは電気アイロンを使うので、汗でグッしょりになる。拡《ひろ》げたパラシュートに汗がポタ〳〵落ちた。――出来高からみると、会社は以前の四〇％以上も儲《もう》けていることが分った。それに拘らずもと通りの賃銀しか払わないのである。それは実際に仕事をしている職工たちにはよく分った。――が、みんなは自分の生活のことになると、「戦争」は戦争、「仕事」は仕事と分けて考えていた。仕事の上にます〳〵のしかぶさってくる苛酷《かこく》さというものが、みんな戦争から来ているということは知らなかった。だから、その結び付きを知らせてやりさえすれば、清川や青年団などの理窟《りくつ》をみんなは本能で見破ってしまう。

以上のことから、細胞として、どこに新しい闘争の力点が置かれなければならないかゞハッキリした。清川や熱田などが臨時工のなかに持っている影響を切り離すために、みんなで「労働強化反対」とか「賃銀値上げ」とか「待遇改善」などを僚友会に持ち込ませる。そうすれば彼等は、色々な理窟を並べながら、結局その闘争の先頭に立つどころか、みんなを円めこんでしまう。それを早速つかんでみんなの前で、彼奴等味方ではないということをハッキリさせる。更に私たちは細胞会議の決議として、「マスク」の編輯《へんしゅう》で、工場内のファシスト、社会ファシストのバクロを新しく執拗《しつよう》に取り上げてゆくことにきめた。

書きちらしの紙《かみ》片を一つ一つマッチで焼きながら、

「こう見てくると、向うかこッちかという決戦が段々近くなっていることが分るな！」

と須山が云った。

「そうだよ、彼奴等に勝つためには科学的に正しい方針と、そいつをどんな事があっても最後まで貫徹するという決意性があるだけだ。ファシスト連が動き出したとすれば、俺だち生命《いのち》がけだぜ！」

私がそう云うと、

「我等にとって、工場は城塞《じょうさい》でなくて、これア戦場だ！」

と、須山は笑った。

「それは誰からの切抜《スクラップ》だ？」

「オレ自身のさ！」

――その後「地方のオル」（党地方委員会の組織部会）に出ると、官営のN軍器工場ではピストルと剣を擬した憲兵の見張りだけでは足りなく、職場々々の大切な部門には憲兵に職工服を着せて入り混らせていたという報告がされた。そこの細胞が最近検挙されたが、それは知らずに「職工の服を着た憲兵」に働きかけたゝめだった。そういう「職工」はワザと表面は意識ある様子を見せるので、危険この上もなかった。倉田工業は本来の軍器工場ではないので、まだ憲兵まではきていないが、事態がもう少し進むと、そこまで行き兼ねないことが考えられる。

六

時計を見ると未《ま》だ九時だった。それで少し雑談をすることにし、私たちは身体《からだ》を横にして長くなった。私は伊藤の鏡台を見て、それが笠原の鏡台よりもなか〳〵立派で、黄色や赤や緑色のお白粉《しろい》まで揃《そろ》っているので、

「オヤ〳〵！」

と云った。

伊藤はそれと気付いて、

「嫌な人！」

と、立ってきた。

「伊藤は赤、青、黄と手をかえ、品をかえて、夜な夜な凄腕《すごうで》をふるうんだ。」

と須山が笑った。

「そら、そこに三越とか松坂屋の包紙が沢山あるだろう。献上品なんだよ。幸福な御身分さ！」

工場で一寸《ちよつと》眼につく綺麗《きれい》な女工だと、大抵監督のオヤジから、係の責任者から、仲間の男工から買物をしてもらったり、松坂屋に連れて行ってもらったり、一緒に「しるこ屋」に行っておごってもらったりする。伊藤は見込のありそうな平職工だと誘われるまゝに出掛けて行ったし、自分からも勿論《もちろん》誘うようにしていた。それで彼女は工場には綺麗に顔を作って行った。然しそれは男工の場合も同じで、小ざッぱりした身《み》装《なり》と少しキリリとした顔をしていると、女工たちから須山の所謂「直接且《か》つ具体的に」附きまとわれた。

「どうだい此の頃は？」

と私が云うと、須山は顎《あご》を撫《な》で、ニヤ〳〵した。——「一向に不景気で！」

「ヨシちゃんはまだか？」

私は頰杖《ほおづえ》をしながら、頭を動かさずに眼だけを向けて訊《き》いた。

「何が？」

伊藤は聞きかえしたが、それと分ると、顔の表情を（瞬間だったが）少し動かしたが、

「まだ〳〵！」

すぐ平気になり、そう云った。

「革命が来てからだそうだ。わが男の同志たちは結婚すると、三千年来の潜在意識から、マルキストにも拘らず、ヨシ公を奴隷《どれい》にしてしまうからだと！」

と須山が笑った。

「須山は自分のことを白状している！」

と伊藤はむしろ冷たい顔で云った。

「良き同志が見付からないんだな。」

私は伊藤を見ながら云った。

「俺じゃどうかな？」

須山はむくりと上半身を起して云った。

「過ぎてる、過ぎてる！」

私はそう云うと、

「どっちが？　俺だろう？」

と、須山がニヤ〳〵笑った。

「こいつ！　恐ろしく図々しい自惚れを出したもんだ！」

三人が声を出して笑った。――私は自分たちの周囲を見渡してみても、伊藤と互角で一緒になれるような同志はそんなにいまいと思っている。彼女が若《も》し本当に自分の相手を見出《みいだ》したとすれば、それはキット優れた同志であり、そういう二人の生活はお互の党生活を助成し合う「立派な」ものだろうと思った。――私は今迄こんなに一緒に仕事をして来ながら、伊藤をこういう問題の対象としては一度も考えたことがなかった。だが、それは如何《いか》にも伊藤のしっかりしていたことの証拠で、それが知らずに私たちの気持の上にも反映していたからである。

「責任を持って、良い奴《やつ》を世話してやることにしよう。」

私は冗談のような調子だが、本気を含めて云《い》った。が、伊藤はその時苦い顔を私に向けた……。

帰りは表通りに出て、円タクを拾った。自動車は近路《ちかみち》をするらしく、しきりに暗い通りを曲がっていたが、突然賑《にぎ》やかな明るい通りへ出た。私は少し酔った風をして、帽子を前のめりに覆《かぶ》った。

「何処《どこ》へ出たの？」

と訊くと、「銀座」だという。これは困ったと思った。こういうさかり場は苦手なのだ。が、そうとも云えず、私は分らないように、モット帽子を前のめりにした。だが私は銀座を何ヵ月見ないだろう。指を折ってみると――四ヵ月も見ていなかった。私は時々両側に眼をやった。私がその辺を歩いたことがあってから随分変っていた。何時の間にか私は貪《むさぼ》るように見入っていた。私は曾《か》つてこれと似た感情を持ったことがある。それは一昨年刑務所へ行っていたときだった。予審廷へ出廷のために、刑務所の護送自動車に手錠をはめられたまゝ、載せられて裁判所へ行く途中、私はその鉄棒のはまった窓から半年振りで「新宿」の雑踏を見た。私は一つ一つの建物を見、一つ一つの看板を見、一つ一つの自動車を見、そして雑踏している人たちの一人々々を見ようとした。私は、その人ごみの中に、誰か顔見知りの同志でも歩いているのではないだろうかと、どの位注意したか分らなかった。その後、刑務所の独房に帰ってから一二日眼がチカ〳〵と痛かったことを覚えている。

自動車が四丁目の交叉《こうさ》点《てん》にくると、ジリ、ジリ、ジリとベルが鳴って、向う側の電柱に赤が出た。それで私の乗っている自動車は停車線のところで停まってしまった。直《す》ぐ窓際《まどぎわ》を色々な人の群がゾロ〳〵と通って行った。私は気が気でなかった。なかには車の中を覗き込んでゆくものさえいる。私は、イザと云えば逃げられるように、反対側のドアーのハンドルに手をかけたまゝ、顎を胸に落していた。やがて、ジリ、ジリ、ジリとベルが鳴り出した。私はホッとしてハンドルの手をゆるめた。

私はゾロ〳〵と散歩をしている無数の人たちを見たが、そう云えば、私は自分の生活に、全く散歩というものを持っていないことに気附いた。私にはブラリと外へ出るということは許されていないし、室《へや》の中にいても、うかつに窓を開けて外から私の顔を見られてはならないのだ。その点では留置場や独房にいる同志たちと少しも変らなかった。然しそれらの同志たちよりも或《あ》る意味ではモットつらいことは、ブラリと外へ出ることが出来て、しかもそれを抑えて行かなければならなかったからである。

だが、私にはどうしてもそうしなければならぬという自覚があったからよかったが、一緒にいる笠原にはずい分そのことがこたえるらしかった。彼女は時には矢張り私と一緒に外を歩きたいと考える。が、それがどうにも出来ずにイラ〳〵するらしかった。それに笠原が昼の勤めを終って帰ってくる頃、何時《いつ》でも行きちがいに私が外へ出た。私は昼うちにいて、夜ばかり使ったからである。それで一緒に室の中に坐《すわ》るということが尠《すく》なかった。そういう状態が一月し、二月するうちに、笠原は眼に見えて不機嫌になって行った。彼女はそうなってはいけないと自分を抑えているらしいのだが、長いうちには負けて、私に当ってきた。全然個人的生活の出来ない人間と、大部分の個人的生活の範囲を背後に持っている人間とが一緒にいるので、それは困ったことだった。

「あんたは一緒になってから一度も夜うちにいたことも、一度も散歩に出てくれたこともない！」

終《しま》いに笠原は分り切ったそんな馬鹿なことを云った。

私はこのギャップを埋めるためには、笠原をも同じ仕事に引き入れることにあると思い、そうしようと幾度か試みた。然《しか》し一緒になってから笠原はそれに適する人間でないことが分った。如何にも感情の浅い、粘力のない女だった。私は笠原に「お前はいい気象台だ」と云った。些細《ささい》のことで燥《はしや》いだり、又逆に直ぐ不貞腐《ふてく》された。こういう性質《たち》のものは、とうてい我々のような仕事をやって行くことは出来ない。

勿論一日の大半をタイピストというような労働者の生活からは離れた仕事で費し、帰ってきてからも炊事や、日曜などには二人分の洗濯などに追われ、それは随分時間のない負担の重い生活をしていたので、可哀相《かわいそう》だったが、彼女はそこから自分でグイと一突き抜け出ようとする気力や意識さえもっていなかった。私がそうさせようとしても、それに随《つ》いて来なかった。

私は自動車を途中で降り、二《ふた》停留所を歩き、それから小路に入り、家に帰ってきた。笠原は蒼《あお》い、浮かない顔をして室の中に横坐りに坐っていた。私の顔をみると、

「首になったわ……」

と云った。

それがあまり突然なので、私は立ったまゝ、だまって相手を見た。

——笠原は別に何もしていなかったのだが、商会では赤いという噂《うわ》さがあった。それで主任が保証人である下宿の主人のところに訪ねてきた。ところが、彼女は以前からそこにいないということが分ってしまった。私のアジトは絶対に誰にも知らしてはならないので、彼女は自分の下宿を以前のところにしてあったのである。商会ではそれでいよ〳〵怪しいということになり、早速やめさせたのだった。

私は今迄《まで》笠原の給料で間代や細々《こまごま》した日常の雑費を払い、活動に支障がないように、やっとつじつまを合せてきていたので、彼女の首は可なりの打撃だった。だが、そうと決れば、この際少しでも沢山の金を商会から取ることだったが、私が非合法なので強いことは云えなかった。事実、主任は警察の手が入らないだけ君の儲けなのだから、

おとなしく引いて貰《もら》いたいと、暗に釘《くぎ》を打っていた。

　私たちはテキ面に困って行った。悪いことには、それが直ぐ下のおばさんに分る。下宿だけはキチンとして信用を得て置かなければ、うさん臭く思われる。そうなるとそれはたゞ悪いというだけで済まなくて、危険だった。それで下宿代だけはどうしても払うことにした。だがそうすると、あと二三円しか残らなかった。二三円などは直ぐ無くなる。笠原は就職を探すために、毎日出掛けて行くし、私も一日四回平均には出なければならなかった。私は今まで乗りものを使っていたところを歩くことにした。そのために一つの連絡をとるのに、その前後三四十分という時間が余分にかゝり処《ところ》によると往《ゆ》きと帰りに二時間もかゝり、仕事の能率がメキ〳〵と減って行った。私は「基金カンパ」を起しているのだと云って、会う同志毎《ごと》に五銭、十銭とせしめた。こうなると、須山の「神田伯山」もないものだ、と私は苦笑した。須山や伊藤は心配してくれた。自分たちは合法的な生活をしているので、金が無くても致命的ということは尠いし、それに誰からでも金は借りられると云うので、日給から五十銭、一円と私のために出してくれた。私は、そういう金はウカツに使えないと思ったので、仕事のための交通費に当て、飯の方を倹約した。なすが安くて、五銭でも買おうものなら、二三十もくるので、それを下のおばさんのヌカ味噌《みそ》の中につッこんで貰って、朝、ひる、夜、三回とも、そのなすで済ました。三日もそれを続けると、テキ面に身体にこたえてきた。階段を上がる度に息切れがし、汗が出て困った。

腹が減り、身体が疲れているのに、同じものだと少しも食欲《しょくよく》が出なかった。終いには飯にお湯をかけ、眼を力一杯につぶって、ザブ〳〵とかッこんだ。それでも飯のあるときはよかった。夜三つ位の連絡を控えていて、それも金がないので歩き通さなければならない時、朝から一度しか飯を食っていない時は、情けない気がした。私は一度その同志に会えたらパン位にはありつけるだろうと、当てにして行ったのだが、まんまと外ずれてしまったことがあった。その同志は気の毒そうな顔をして、自分はこの次にMに会うが、或《ある》いはパン代位は出そうだから一緒に行ってみようと云った。Mとは顔見知りだし、我慢の出来なくなった私はそうすることにした。私はそこでパンとバタにありつけた。Mは「パン一片食うために、大の男がのこ〳〵出掛けてきて、つかまったりしたら、事だぜ！」と笑った。「まず、我にパンを与えよ、だよ！」私はそんなことを云って笑ったが、――こういう情態が続くということは全くよくないことだと思った。しっかりと腰を据え、長い間決してつかまらずに仕事をしてゆくためには、こんな無理や焦《あせ》り方をしては駄目だ。

私は最後の手段をとることにきめた。その日帰ってきて、私は勇気を出し、笠原にカフェーの女給になったらどうかと云った。彼女は此頃《このごろ》では毎日の就職のための出歩きで疲れ、不機嫌になっていた。私の言葉をきくと、彼女は急に身体《からだ》を向き直し、それから暗いイヤな顔をした。私はさすがに彼女から眼をそらした。だが、彼女はそれっきり頑《かた》くなに黙りこんだ。私も仕方なく黙っていた。

「仕事のためだって云うんでしょう……?」

笠原は私を見ずに、かえって落付いた低い声で云った。それから私の返事もきかずに、突然カン高い声を出した。

「女郎にでもなります!」

笠原は何時も私について来ようとしていないところから、為《な》すことのすべてが私の犠牲であるという風にしか考えられなかった。若しも犠牲というならば、私にしろ自分の殆《ほと》んど全部の生涯を犠牲にしている。須山や伊藤など、会合して、帰り際になると、彼等が普通の世界の、普通の自由な生活に帰ってゆくのに、自分には依然として少しの油断もならない、くつろぎのない生活のところへ帰って行かなければならないと、感慨さえ浮かぶことがある。そして一旦《いったん》つかまったら四年五年という牢獄《ろうごく》が待ちかまえているわけだ。然しながら、これらの犠牲と云っても、幾百万の労働者や貧農が日々の生活で行われている犠牲に比らべたら、それはもの、数でもない。私はそれを二十何年間も水呑百姓《みずのみ》をして苦しみ抜いてきた父や母の生活からもジカに知ることが出来る。だから私は自分の犠牲も、この幾百万という大きな犠牲を解放するための不可欠な犠牲であると考えている。

だが、笠原にはそのことが矢張り身に沁《し》みて分らなかったし、それに悪いことには何もかも「私の犠牲」という風に考えていたのだ。「あなたは偉い人だから、私のような馬鹿《ばか》が犠牲になるのは当り前だ！」——然し私は全部の個人生活というものを持たない「私」である。とすればその「私」の犠牲になるということは何を意味するか、ハッキリしたことだ。私は組織の一メンバーであり、組織を守り、我々の仕事、それは全プロレタリアートの解放の仕事であるが、それを飽く迄も行って行くように義務づけられている。その意味で、私は私を最も貴重にしなければならないのだ。私が偉いからでも、私が英雄だからでもない。——個人生活しか知らない笠原は、だから他人《ひと》をも個人的尺度でしか理解出来ない。

私はこのことをよく笠原に話した。彼女は黙ってきいていた。が、その日はそれから一言も云わずに、彼女は早く寝てしまった。

七

夜、「マスク」の原稿を書いたり、地方の「オルグ」に出す報告を整理したり、それに配布の方から廻ってきて、少し停滞しているパンフレットや資料を読んで遅くなったので、次の朝十時頃まで寝ていた。――私は、下に誰か訪ねてきたりするのには、自分でも驚くほど敏感だった。私はそれで「ハッ！」として眼がさめたらしい。頭をあげると、矢張り巡査だった。戸籍しらべに来ている。私はこういう時に自分が引張り出されないようにと、前から原籍や氏名などを書いて、おばさんに渡してあった。巡査は細々と、しつこく訊《き》いていた。おばさん一家のことも、まるで犯罪でも調らべるようにきいている。これはどうも様子がおかしいなという予感が来た。私は耳をすましながら、書類の入っているトランクに鍵《かぎ》を下ろして、音がしないように着換をはじめた。――「間借は？」ときいている。「ハ、居ます。」……おばさんは茶の間に戻ってきて、私の書いた紙片を渡したらしい。「これにはこの前にいたところが書いてないね。」……「夫婦かね？」とか、「何時籍が入ったのか、それとも籍が入ってないのかも、これじゃハッキリしていない。」おばさんが何か云っている。「夫の方は勤めてないのか？」……「今、居るの？」――私は来たな、と思った。「今出ています。」おばさんの云うのが聞えた。私はホッとすると同時に、やっぱり有り金をた、いて間代だけは払って置いて良かったと思った。「じゃ、後でモウ少し詳しく聞いておいて、な。」と、巡査が云って帰りかけたらしい。私はやれ〳〵と思って、又蒲団《ふとん》の上に腰を下したとき、戸をあけながら巡査の声がした、「この頃、赤がよく間借りをしているから、気をつけてもらわんと……。」私はギクッとした。おばさんは「ハア？」と云って訊きかえしている。巡査はそれに二言三言云ったらしかった。おばさんには「赤」というのが何んであるか分らなかったのだろう。

私はこういう調べ方のうちに、只事《ただごと》ならぬものを感じた。その日、連絡から帰ってくると、隣りの町で巡査が戸籍名簿を持って小さい店家《みせや》に寄っていた。ところが、そこから一町と来ないうちに、同じ町なのに今度は二人の巡査が戸籍名簿を持って小路から出てきた。私はSに会ったとき、朝の戸籍調べのことを話したら、全市を挙げて虱《しらみ》つぶしに素人《しろうと》下宿の調査をしているらしいから気を付けないといけないと云《い》った。私はこの物々しい調べ方にそれを感じた。

彼奴等は今まで何べんも党は壊滅したとか、根こそぎになったとか云ってきた。それを自分たちの持っている大きな新聞にデカ〳〵と取り上げて、何も知らない労働者にそのことを信じこませ、大衆から党の影響を切り離すことにムキになってきた。ところが、そんなことをデカ〳〵と書いた直ぐ後から、到《いた》る処で党が活動している。それはどう誤魔化しようにも誤魔化しがきかなかった。殊《こと》にこの戦争の時期に「メーデー」とか、八月一日の「国際反戦デー」というような大きなカンパを前にして、彼奴等はどうでもこうでも党の力を根こそぎにしなければならなかった。彼等はそのために全力を彼等の持っているあらゆる国家権力を総動員している。口では党を侮《あなど》ったり、デマを飛ばしたり見縊《みくび》っているが、この事実こそは明かにそれを裏切って、党が彼奴等の最大の敵であることを示している。外国のある記事には、日本の党のことを「小さくして戦闘的な党」と書いているそうだが、（Sは須山の「神田伯山」とちがって、こういうことをよく知っていた）彼はそのことを私に話したとき、「この小さくして戦闘的な党は、一国の国家権力と対等に、否《いな》対等以上に対立している大勢力なんだ」と云って、この「小さくして戦闘的な党」を根こそぎにするために、何百万倍も大きな図体の彼奴等が躍気となっている、だから、この小さい俺達一人々々と雖《いえど》もそれだけの「自負」を持って仕事をして行かなければならないと云った。「それァ素晴しい自負だ！」と云って、その時私たちは無精に喜んだ。その自負を最後まで貫徹するために、彼奴等に、捕かまったりしてはならなかった。

下宿がこんな具合だと危険この上もない。私や須山や伊藤はメーデーをめざして倉田工業を動かそうと思っている。六百人の臨時工の首切と伴って、私たちさえしっかりしていれば、その可能性は充分にあった。それを今やられたら、全く階級的裏切となるのだ。Sは此の頃枕もとに太身のステッキと草履を用意して寝ることにしているそうだ。私はそのことに気付いたので、まだ実行していなかった物干に草履をおいて置くために、途中一足買って戻ってきた。

私は須山と会ってみて、「赤狩り」は何も外《そと》ばかりでないことを知った。——連絡に行くと、向うから須山が顔一杯にほう帯をし、足を引きずって、やってくるので、私は吃驚《びっくり》した。「やられた！」と云うのだ。彼は時々ほう帯の上から顔を抑えた。傷が痛んで、どうしようかとも思ったが、時期が時期だし、連絡が切れると困るので、ようやくやってきたのだった。私たちは外を歩くのをやめて、しるこ屋に入った。

工場では外《そと》の警察だけではあまり効果がないと云うので、清川や熱田の「僚友会」や在郷軍人の青年団を入れ、内部から「赤狩り」をしようとしたのに、「マスク」やビラなどで、その事さえバク露されて、あせり出したらしい。ところが会社はこの二三日前から例の「慰問金」の募集をやり出した。時期おくれに倉田工業がそれをやり出したというのはそれでもって工場内の雰囲気を統一し、所謂《いわゆる》赤の喰い込む余地をなくしようという目的からだった。「忠君愛国」であろうが、何んであろうが、彼等は自分の利益にならないものなら、見向きもしない。会社にこのことを献策したのは、パラシュート工場で、「マスク」を持っていた女工を殴ぐりつけた「職工の服を着た」在郷軍人の青年団たちらしい。

須山はこの問題をつかんで、「僚友会」の清川や熱田を大衆から切り離すことをしようと考えた。伊藤もそれに賛成した。労農大衆党という兎《と》にも角《かく》にも労働者のための党であり、兎にも角にも帝国主義戦争には反対している、だが本当は少しも「労働者のための党」でもなく、帝国主義戦争にも上《うわ》べだけでしか反対していないのだということを、皆の前で知らせる必要があった。須山と伊藤は「僚友会」の平メンバーに入っていた。プロレタリアートがブルジョワジーのあらゆる偽マン的政策の本質をえぐり出して、戦争に反対するという困難な仕事をしてゆくためには、何より「僚友会」のような見せかけの味方――右翼日和見《ひよりみ》主義者と闘って行かなければならぬ。須山は慰問金のことで、「僚友会」の定期総会を開いたらどうか、と清川のところへ持って行った。それと同時に伊藤の仲間や自分の仲間を通して、「慰問金」募集の問題を一般に押し拡《ひろ》めることにした。

総会に出てみると、驚いたことには青年団の職工も来ている。私たちが「僚友会」

を重くみていたのは、そこには臨時工はホンの少ししかいなかったが、本工が多かったからである。伊藤や須山の仲間には本工が一人か二人しかいなかった。本工を獲得することの重要さが繰りかえされながら、それがなか〳〵困難なところから、成績が挙っていなかったのだ。「僚友会」も二三の人間をのぞけば、漠然とした考えから入っているので、それらの眼の前で清川が正しいか、須山が正しいかをハッキリと示せば、それらのものでこっちについてくる可能性が充分にあった。

「僚友会」は戦争が始まってから半年にもなると云うのに、一二度しか会合を持っていなかった。仲間のうちでもそれをブツ〳〵云っていた。須山はまず皆の前で、これだけの労働者や農民が戦地に引き出され、且《か》つ日常生活でもこれだけの強行軍をやらされているときに、「僚友会」が一度も真剣に開かれなかったことは、階級的裏切りだ、というところから始めた。五六人が「異議なしだな……。」と云った。が、その連中は云ってしまってから、モジ〳〵している。私も須山も反動組合の「革反」の経験があるので、その「異議なしだな」と云って、モジ〳〵したのがよく分った。それで私は笑った。須山も笑った、が、彼は「痛た、痛た！」とほう帯の上から顔を抑えた。彼は、よく人の特徴をつかんだ真似《まね》がうまかった。

慰問金のことになると、清川は、満洲に行っている兵士は労働者や農民で、我々の仲間だ、だからプロレタリアートの連帯心として慰問金を送ることは差支《さしつか》えないと云った。皆は自分の爪《つめ》をこすりながら、黙ってきいていた。我々の同志は工場にいたときは資本家に搾《しぼ》られ、戦場へ行っては、敵弾の犠牲となっている、だが、この我々の同志を守るものは我々しかない、だから我々は慰問金の募集に応じて差支えない——清川の説に、今度は皆はもっともらしくうなずいた。

見ていると、伊藤は困ったように眉《まゆ》をしかめていたが、

「そうだろうか——?」

と云った。

僚友会には女工が十四五人いたが、会に出てくるものは二人位しかいなかった。それを伊藤が誘い合わせたので、六人ほど出ていた。僚友会としてはめずらしいことだった。——ところが僚友会で女が発言したことは今迄《まで》になかったので、皆は急に伊藤の顔を見た。

「清川さんの話を聞いていると、もっともらしいが何んだか陸軍大臣の訓辞をきいているようで……」

皆はドッと笑った。

「清川さんでも誰でも、今度の戦争が私たちのためでなくて、結局は矢張り資本家の

ためにやられているということは分りきっている。若《も》しも私たち職工や失業者や貧乏百姓のためにやられているものとしたら、私たちは勿論《もちろん》裸になっても有り金全部は慰問金にして送ってもいゝが、——そうでない。」

伊藤がそう云うと、青年団の職工が突然口を入れて妨害し出した。それで、須山が割って入った。彼は清川の言葉をそのまゝ使って、「我々労働者は工場にいるときは搾られ、資本家の用事がなくなれば勝手に街頭に放り出され、戦争になれば一番先きに引ッ張り出される。どの場合でもみんな資本家のためばかりに犠牲にされている。——だから、若しも慰問金を出すならば彼奴等が出さなければならないのだ！」

そういうと、皆は又それもそうだというような顔をした。

「慰問金を我々に出させるのは、彼奴等は戦争は自分たちのためにやられているのではなくて、国民みんなのためにやられているのだと思いこませるためのカラクリなのだ。」

すると、伊藤は須山のあとを取って、「赤い慰問袋」の話をしたり、戦争になってから少しも自分たちが生活が楽にならなかったことなどを話した。そうなると清川たちはモウ太刀打ちは出来ないのだ。清川は僚友会の「おん大」の貫録をみんなの前で下げてしまった。青年団の職工だって、駄目なのだ。だが、こういう社会ファシストの本体というのは本当の芝居を大衆の前ではなくて背《うしろ》の方で打つところに面目があるのだから、これだけでうまく行ったと思えば大間違なのだ。

その会合の帰り、青年団の奴《やつ》が二三人で、

「お前は虎《とら》だな！」と云って、「一寸《ちよつと》来い！」

と云うのだ。そして小路へ入るなり、いきなり寄ってたかって殴ぐりつけた。

「三人じゃ、俺も意気地なくのびてしまったよ！」

と須山は笑った。

須山は直《す》ぐ伊藤を通じて、昨日集まった僚友会のメンバーに、この卑怯《ひきよう》なやり方を知らせて貰《もら》うことにした。それが何よりどっちが正しいかを示すことになるからである。

須山に会ってから一時間して、伊藤と会うと、慰問金のことでどうして殴り合いになったかと皆んなが興味をもってきくので、殴ぐり合のことを話しているうちに慰問金の本当の意味のことが話せて都合が良かったと、喜んでいた。——慰問金のことを充分に皆に分らせることが出来なかったと思って心配したのだが、皆は理窟《りくつ》より前に、この仕事のつらさにもってきて、その上又金まで取られたら、「くたばるばかりだ」と云うので、案外にも募集は不成功に終った。工場の様子では、殴ぐられてから須山の信用が急に高くなった。職工たちはそういうことだと、直ぐ感激した。その代り須山はおやじににらまれ出したので、ひょっとすると危いと、伊藤は云った。

「今度の慰問金の募集は、どうも会社が職工のなかの赤に見当をつけるために、ワザとやったようなところがある……？」

私は確かにそうだ、と云った。

すると、彼女は、

「少し乗せられた――」

と云った。

私は、何時《いつ》もの伊藤らしくないと思って、

「それは違う！」と云った――「俺だちはその代り、何十人という職工の前に、誰が正しいかということを示すことが出来たんだ。それと同時に、僚友会のなかに我々の影響下を作れるし、それを放って置くのではなしに、組織的に確保したら素晴しい成果を挙げ得たことになる。少しの犠牲もなしに仕事は出来ない。これらは最後の決定的瞬間にキット役に立つ。」

伊藤は、急に顔を赤くして、

「分ったわ！　そうねえ。――分ったわ！」

と云って、それが特徴である考え深い眼差《まなざし》で、何べんもうなずいた。

私は冗談を云った。

「最後に笑うものは本当に笑うものだから、今のうち須山に渋顔をしていて貰うさ！」

伊藤も笑った。

彼女はそれから自分たちのグループを築地小劇場の芝居を見に連れて行ったことを話した。どの女工も芝居と云えば歌舞伎（自分では見たことが無かったが）か水谷八重子しか知らないのに、労働者だとか女工だとかゞ出てきて、「騒ぎ廻わる」ので吃驚してしまったらしかった。終ってから、あれは芝居じゃないわ、と皆が云う。伊藤が、じア何んだと訊くと、「本当のことだ」と云う。面白い？　と訊くと、みんなは「さア――！」と云ったそうだ。――然《しか》し余程びッくりしたとみえて、後になってもよく築地の話をし出すそうである。伊藤に何時でもなついている小柄のキミちゃんというのが、

「あたし女工ッて云われると、とッても恥かしいのよ。ところが、あの芝居では女工ッてのを鼻にかけてるでしょう、ウソだと思ったわ。」

そんなことを云った。が、それでも考え〳〵、「ストライキにでもなったら、ウン

と威張ってやるけれど、隣近所の人に女工ッて云うのは矢張り恥かしいわ！」

みんなに、何時かもう一度行こうか、ときくと、行こうというのが多いそうだ。それはあの芝居を見ると、うちの（うちのというのは、自分の工場のことである！）おやじとよく似た奴がウンといじめられるところがあるからだという理由だった。

伊藤が、何気ないように、どうせ俺ら首になるんだ、おとなしくしていれば手当も当らないから、あの芝居みたいに皆で一緒になって、ストライキでもやって、おやじをトッちめてやろうかと云うと、みんなはニヤ〳〵して、

「ウン……」と云う。そしてお互いを見廻しながら、「やったら、面白いわねえ！」と、おやじのとッちめ方をキャッ〳〵と話し合う。それを聞いていると、築地の芝居と同じような遣《や》り方を知らず識《し》らずに云っていた。

伊藤の影響力で、今迄のこの仲間に三人ほど僚友会の女工が入ってきた。それらは大ッぴらな労働組合の空気を少しでも吸っているので、伊藤たちが普段からあまりしゃべらない事にしてある言葉を、平気でドシ〳〵使った。それが仲間との間に少しの間隙《かんげき》を作った。それと共に、それらの女工はどこか「すれ」ていた。「運動」のことが分っているという態度が出ていた。——伊藤はその間のそりを合わせるために、今色々な機会を作っていた。「小説のようにはうまく行かない」と笑った。

私たちは「エンコ」する日を決め、伊藤が場所を見付けてくれることにした。愈々《いよいよ》最後の対策をたてる必要があった。

「あんた未《ま》だなす？」

伊藤が立ち上がりながら、そう訊《き》いた。

「あ。」

と云《い》って、私は笑った、「お蔭様《かげさま》で、膝《ひざ》の蝶《ちょう》ちがいがゆるんだ！」

伊藤は一寸帯の間に手をやると、小さく四角に畳んだ紙片を出した。私はレポかと思って、相手の顔を見て、ポケットに入れた。

下宿に帰って、それを出してみると、薄いチリ紙に包んだ五円札だった。

八

笠原は小さい喫茶店に入ることになった。入ると決まるとさすがに可《か》哀《わい》相《そう》だった。運動しているものが、生活の保証のために喫茶店などに入るのは、何んと云っても恐ろしいことで、そういう同志は自分ではいくらしっかりしていようとしても、眼に見えて駄目になって行く。我々にとって「雰囲気」というものは、魚にとっての水と少しもかわらないほど大切なのだ。女の同志が自分一個のためでも、又男と女が一緒に仕事をしていて、とも倒れからのがれるために喫茶店に入るときでも同じである。ところが笠原の場合、その仕事の訓練さえも持っていないので、ズル〳〵と低い方に自分の身体《からだ》を傾けてゆくのは分りきっていた。——だが、どうしても自分の全生涯をとして運動をやろうという気魄《きはく》も持たず、しかも他方私の組織的な仕事は飽く迄も守ってゆかなければならぬドタン場に来ている以上、センチメンタルになっていることは出来なかった。

　笠原は始め下宿から其処《そこ》へ通った。夜おそく、慣れない気苦労の要る仕事ゆえ、疲れて不機嫌な顔をして帰ってきた。ハンド・バッグを置き捨てにしたまゝ、そこへ横《よこ》坐《ずわ》りになると、肩をグッたり落した。ものを云うのさえ大儀そうだった。しばらくして、彼女は私の前に黙ったまゝ、足をのばしてよこした。

「——？」

　私は笠原の顔を見て、——足に触って見た。膝頭やくるぶしが分らないほど腫《むく》んでいた。彼女はそれを畳の上で折りまげてみた。すると、膝頭の肉がかすかにバリ〳〵と音をたてた。それはイヤな音だった。

「一日じゅう立っているッて、つらいものね。」

と云った。

私は伊藤から聞いたことのある紡績工場のことを話した。「立《た》ち腫《は》れ」がして足がガクつき、どうしても機械についていられない。それを後から靴で蹴《け》られながら働いていることを話した。私はそして、笠原がそういう仕事のつらさを、自分だけのつらさで、自分だけがそこから逃れゝば逃れることの出来るつらさと考えず、直ぐそれがプロレタリア全体の縛りつけられているつらさであると考えなければならないと云った。笠原は聞いていて、

「本当に！」と云った。

私は久し振りに自分の胡坐《あぐら》のなかに、小柄な笠原の身体を抱えこんでやった――彼女は眼をつぶり、そのまゝになっていた……。

笠原はその後、喫茶店に泊りこむことになった。その経営者は女で、誰かの妾《めかけ》をしているらしかった。女一人で用心が悪いので、そこで飯を食っても同じ給金は出すから寝泊りして欲しいというのだった。それで下宿には暫《しば》らく国へ帰ってくるということにして、出掛けて行った。女主人は高等師範か女子大か出た英語の達者な女で、男は一人でなくて三人位はいるらしく、代る代り他所《よそ》で泊って、朝かえってきた。大学の教授や有名な小説家や映画俳優がいて、その女は帰ってくると、一々際《きわ》どいところ

まで詳しく話して、比較をやったりするので、笠原は弱った。そして昼過ぎの二時三時まで寝ていた。私は朝起きても、めしが無いときは、そこの喫茶店に出掛けて行った。朝のうちはお客さんは殆《ほと》んど無かったので、笠原の食うごはんのように装《よそお》わして、飯を焚《た》かせ、腹につめこんだ。はじめ笠原が嫌がったが、終《しま》いには「この位のこと当然よ！」と云うようになった。喫茶店の台所は狭くて、ゴタ〳〵していて、ジュク〳〵と湿ッぽかった。私はそこにしゃがんで、急いでめしをかッこんだ。

「い、恰好《かっこう》だ！」

笠原は二階の方に注意しながら、私の恰好を見て、声をのんで笑った。

然し笠原の雰囲気はこの上もなく悪い。女主人の生活もそうだし、女のいる喫茶店にはたゞお茶をのんで帰ってゆくという客ではなく、女を相手に馬鹿話《ばかばなし》をしてゆく連中が多かった。それに一々調子を合わせて行かなければならない。それらが笠原の心に沁《し》みこんでゆくのが分った。私はまだ笠原の全部を投げ出しているのではない、機会があったらと色々な本を届けたり、出来るだけ色々な話をしてやっていたのだ。だが、彼女は今迄《まで》よりモット色々なことをおッくうがり、ものごとをしつこく考えてみるということをしなくなった。

然し私はそんなに笠原にか、ずり合っていることは出来なかった。仕事の忙がしさが私を引きずッた。倉田工業の情勢が切迫してくると、もに、私は笠原のところへはたゞ交通費を貰いに行くこと、飯を食いに行くことだけになって、彼女と話すことは殆んどなくなってしまっていた。気付くと、笠原は時々淋《さび》しい顔をしていた。が私はとにかく笠原のおかげで日常の活動がうまく出来ているのだから、その意味では彼女と雖《いえど》も仕事の重要な一翼をもっていることになる。私はそのことを笠原に話し、彼女がその自覚をハッキリと持ち、自分の姿勢を崩さないようにするのが必要だと云った。

だん〳〵私には、交通費や飯にありつくために出掛けることさえ余裕なくなり、その喫茶店には三日に一度、一週間に一度、十日に一度という風に数少なくなって行った。「地方」「地区」それに「工細」と仕事が重なって居《お》り、一日に十二三回の連絡さえあることがあった。そんな時は朝の九時頃出ると、夜の十時頃までかゝった。下宿に帰ってくると首筋の肉が棒のように固《こ》わばり、頭がギン、ギン痛んだ。私はようやく階段を上がり、そのまゝ畳のうえにうつ伏せになった。私はこの頃、どうしても仰向けにゆッたりと寝ることが出来なくなった。極度の疲労から身体の何処《どこ》かを悪くしているらしく、弱い子供のように直ぐうつ伏せになって寝ていた。私は想《おも》い出すのだが、父が秋田で百姓をしていた頃、田から上がってくると、泥まみれの草鞋《わらじ》のまゝ、ヨクうつ伏せになって上《あが》り端《はな》で昼寝していた。父は身体に無理をして働いていた。小作料があまり酷なために、村の人が誰も手をつけない石ころだらけの「野地《やじ》」を余分に耕やしていた。そこから少しでも作《さく》をあげて、暮しの足《たし》にしようとしたのである。そんなことのために父はひどく心臓を悪くしていた。――私はどうしてもうつ伏せにならないと眠れないとき、自分がだん〳〵父と似てくるように思われた。然し父は、地主に抗議して小作料を負けさせることをせずに、自分の身体をこわしてまで働くことでそれから逃れようとした、二十何年も前のことだが。然し私はちがう。私はたった一人の母とも交渉を絶ち、妹や弟からも行衛《ゆくえ》不明となり、今では笠原との生活をも犠牲にしてしまった形である、それに加えてどうやら私は自分の身体さえそのために壊れかけているようだ――これらは然し私の父のように地主や資本家にモッと奉公してやるためでなく、まさにその反対のためである！

私にはちょんびりもの個人生活も残らなくなった。今では季節々々さえ、党生活のなかの一部でしかなくなった。四季の草花の眺めや青空や雨も、それは独立したものとして映らない。私は雨が降れば喜ぶ。然しそれは連絡に出掛けるのに傘をさして行くので、顔を他人《ひと》に見られることが少ないからである。私は早く夏が行ってくれゝばい、と考える。夏が嫌だからではない、夏が来れば着物が薄くなり、私の特徴のある身体つき、、、（こんなものは犬にでも喰われろ！）がそのまゝ分るからである。早く冬がくれば、私は「さ、もう一年寿命が延びて、活動が出来るぞ！」と考えた。たゞ東京の冬は、明る過ぎるので都合が悪かったが。――然しこういう生活に入ってから、私は季節に対して無関心になったのではなくて、むしろ今迄少しも思いがけなかったような仕方で非常に鋭敏になっていた。それは一昨年刑務所にいたとき季節々々の移りかわりに殊《こと》の外《ほか》鋭敏に感じたその仕方とハッキリちがっている。

これらは意識しないで、そうなっていた。置かれている生活が知らずにそうさせたのである。もと、警察に追及されない前は、プロレタリアートの解放のために全身を捧《ささ》げていたとしても、矢張り私はまだ沢山の「自分の」生活を持っていた。時には工場の同じ組合の連中（この組合は社民党系の反動組合だった。私はそこでの反対派として仕事をしていた）と無駄話をしながら、新宿とか浅草などを歩き廻わることもしたし、工場細胞としての厳重な政治生活が規制されていたが、合法生活が当然伴う「交際」だとか、活動写真を見るとか、（そう云えば私は最近この活動写真の存在ということをすッかり忘れてしまっている！）飲み食いが私の生活の尠《すく》なからざる部分を占めていた。時にはこういう生活から、工細としての仕事を一二日延ばしたりしたことがあった。又自分だけの名誉心が知らずに働いていて、自分の名誉を高めるような仕事と工細の仕事と食い合ったとき、つい自分の方のことから先きに手がついたことが一切ならずあった。これは勿論《もちろん》その後の仕事のなかで変ってきたが、それでも党員としての「二十四時間の政治生活」を私がしていたとは云えなかった。然しそれは私にばかり罪があるのではない。一定の生活が伴わない人間の意識的努力には限度がある。一切の個人的交渉が遮断され、党生活に従属されない個人的欲望の一切が規制される生活に置かれてみて、私が嘗《か》つて清算しよう清算しようとして、それがこの上もなく困難だったそれらのことが、極めて必然的に安々と行われていたのを知って驚いた。それはこれまでの一二ヵ年間の努力を二三ヵ月に縮めて行われた。と云うことが出来る。始めこの新しい生活は、小さい時誰が一番永く水の中に潜ぐっているかという競争をした時のような、あの堪えられない何んとも云えない、胸苦しさを、感じはしたが。――だが、勿論私はまだ本当の困難に鍛練されてはいない。須山とちがった切抜《スクラップ》の好きなSは、私の「二十四時間の政治生活」というのに対して、「一日を二十八時間に働いても疲れを知らないタイプ」に自分を鍛えなければ駄目だと云っている。一日を二十八時間に働くということが、私には始めよくは分らなかったが、然し一日に十二三回も連絡を取らなければならないようになった時、私はその意味を諒解《りょうかい》した。――個人的な生活が同時に階級的生活であるような生活、私はそれに少しでも近附けたら本望である。

倉田工業は、臨時工の若干を本工に直すかも知れないという噂《うわ》さで、最後のピッチを挙げていた。私たちはそれにそなえるために、細胞の再編成をやることにした。須山のグループ（影響下）から一人、それは若い本工だった、それから伊藤のグループから二人、そのうち一人は本工、一人は臨時工だった、この三人を新しく細胞に推薦することにして、「履歴」を取った。私はそれを「オル」に持って行き、承認を得た。そして各細胞に対しては職場内での責任を明確に分担して背負わせ、須山や伊藤に万一のことがあった場合、あとのものが直ちに予定された新しい部署について仕事が一日でも遮断されることがないように手筈《てはず》を決めた。須山や伊藤に何か事が起れば、工場にいると直《す》ぐ分るので、その時は新しい細胞が須山と私との連絡場所にやってくることにしてあった。私たちの会合は闘争の司令部なので、どんなことがあっても連絡が絶たれ、そのために一刻を争うときに対策や方針が出ないということは階級的裏切りであった。誰かゞやられ連絡が切れたゝめに、うまく行かなかった――こういう今迄のやり方は、恰《あた》かも我々に最初から弾圧が無いかのような、又はそれを全く予想していないかのような、敗北的な見地に立っている。誰かゞやられるかも知れないのは分り切っているのだ。私たちは、だから最初から二段、三段の準備をして闘争をすゝめて行かなければならぬ。

事実「僚友会」で乱闘をやってから、須山は極度に危くなっていた。須山は今日やられるか、明日やられるかを覚悟して、毎日工場に出ていた。工場なので、仕事をしているときに「一寸来い《ちよつと》」をやられると、それっきりだった。然《しか》し組織の可能性が高まっていたので、彼は出ていた。危くなったが、同時に職場の中で或《あ》る程度のことを公然と云える自由を得たし、みんなの信用が出て来ていた。

月末が近づいた。会社はこの三十日か三十一日に首切りをやるらしかった。本工に直すと云っても、まだそれが少しも具体化していないので、皆はようやく疑いをかけてきた。「マスク」で、このやり方がギマンであって、それによって一方では仕事の能率を高め、他方ではみんなの反抗を押しとゞめるためであることを書いたが、その意味がジカに分りかけていた。臨時工が重《おも》なので、首切りが発表されてからでは団結力が落ちる。この二三日に事を決めなければならなかった。

私たちはビラやニュースで、戦争に反対しなければならないことをアッピールしてきたが、彼等が一度その首切りのことで立ち上ったら、それはレーニンの言い草ではないが、何故戦争に反抗しなければならないかを「お伽噺《とぎばなし》のような速さで」教える。殊に軍器を作っている工場であるだけ、ハッキリと意識的な闘争が出来るのだ。――

まず事を起さなければならぬ。

私は最後の肚《はら》をきめた。

それは伊藤や須山の影響下のメンバー、新しい細胞に各職場を分担させて一斉に「馘首《かくしゅ》反対」の職場の集会を持たせることだった。そしてそれを成功させるために工場の中で須山に公然たるビラ撒《ま》きをさせる。――伊藤の「しるこや組」に、兄が倉田工業の社員である女工がいた。その女工の口から三十一日ではなくて（三十一日のように思い込ませて置いて）先手を打って二十九日に一斉に首切りをやることが分った。その時は警察ばかりでなく軍隊も出るらしかった。従って是が非でも二十八日にストライキをやって、こっちが逆に先手を打たなければならない。

ところが、須山には最近やられるらしい危険性がある。伊藤からの報告だったが、ケイサツの私服が事務所のなかゝら一二度出て行くのを見ているし、須山のいる第二工場の入口でよくおやじと立話していた。それがこの一二日なのである。太田がやられてからも、党のビラが二度、「マスク」が二度も入っている。向うが須山をにらんでいることは最早《もはや》疑うことは出来なかった。それに「共産党」と云《い》えば、何処か知れない「上《うえ》の方に」いたり、或《あ》るいは「地の底に」もぐって出没している神様か魔物であるかのように考え、又考え込ませられている。だが本当は須山のように皆から信用のある、自分たちのそばで肩をならべて働いているものがそうであることを、ハッキリと示し、親しみと信頼を起させる必要があった。――私が須山に公然と党のビラを撒かせる決意をしたのは、そこから来ていた。最後を闘うためには、仮りに須山がいないとしてもそれは他の誰かゞやらなければならない任務だったのだ。陰謀的な仕方ばかりでは、大衆的動員は行われない。見えない組織をクモの巣のようにのばして置いて、そこへ公然たる煽動《せんどう》を持ち込まなければならないのだ。

その最後の対策をたてるために、私たちはエンコすることになった。この案はそこに出され、決められるのだったが――然し須山のことを考えると、私はさすがに心がしめつけられた。党のビラを撒いたとなれば、闘争経歴にもよるが、二三年から四五年の懲役を覚悟しなければならないのだ。何時《いつ》もなら、私は外へ一歩出たら、元とはちがって一切の空想ごとや考えごとをやめて、四囲に注意して歩くことにしていたが(そしてそれは可なり慣れていたが)、その日は、フト気付くと私は直ぐ須山のことを考えていた。だが、そんなに須山のことに立ち停っていることはよくないことなのだ。須山にしても、自分たちの置かれている情勢をハッキリと見ていれば、このことを一つの必然として、而《し》かも不可欠のものとして理解することが出来る筈なのだ。そこに別の道或《よ》いは除けて通れる道が一つもなく、しかもプロレタリアートの解放のためにはどうしてもその道を通らなければならないとすれば、私たちはそこから何か仕事以外のもの、例えばこんな事をすることが「残酷なこと」ではないだろうかとか、又は「同情に堪えないこと」ではないだろうかとか、凡《およ》そそんなことが引き出せるわけがないのだ。

だが、会合の場所に行くまで、私の頭にあの突拍子もない切抜帳《スクラップ》で私たちを笑わせる須山の顔が来て困った。

場所は今まで三度位使ったことのある須山の昔の遊び（飲み）友達の家だった。足元の見えない土間で下駄を脱ぎ、それを懐《ふところ》に入れて、二階に上がって行くと、斜めに光が落ちて来て、須山の顔がのぞいた。

伊藤は壁に倚《よ》りかゝって、横坐《よこずわ》りに足をのばし、それを自分でもんでいた。私が入って行くと、後れ毛を搔《か》き上げるようにして、下からチラと見た。私は「この前は！」と云った。彼女はそれには別に答えなかった。工場のオルグをやると、どうしても白粉《おしろい》ッ気が多くなるが、細胞の会合のときに伊藤は今まで一度も白粉気のある顔をしてきたことがなかった、又その必要もなかったので。フト見ると、ところが伊藤は今迄になく綺麗《きれい》な顔をしていた。

「同志伊藤は今男の本工を一人オルグしてのお帰りなんで――」

と、須山は又すぐ茶目て、伊藤の顔を指さした。

そんな時は何時もの伊藤で、黙っていた。が、彼女は何故か私の顔をその時見た。

会が始まってから、私は何時もやることになっている須山の報告に特に注意した。

彼はこの前の細胞会議の決定にもとづいて、職場々々に集会を持たせるように手配したが、工場の様子を見ていると、こゝ二三日が決定的瞬間らしく、そのためには今至急何んとかしなければならないと云った。

伊藤はそれにつけ加えて、前に私に報告してある馘首がこの三十一日と見せかけて実は二十九日にやるらしいこと、パラシュートやマスクの引受高から胸算してみると、それが丁度当っていた、そのためには明後日にせまっている二十八日に少なくとも決定的な闘争をしなければならないと云った。

見解は一致していた。だから問題はその決定的な闘争をどんな形で持ち込むかにあった。――須山は考えていたが、

「こゝまで準備は整っているし、みんなの意気も上がっているのだから、あとは大衆的煽動で一気に持って行くことだ。」

と云った。それから一寸言葉を切って、

「この一気が、一気になるか二気になるかで、勝ち負けが決まるんじゃないかな

「……?」

「そ。あとは点火夫だけが必要なのよ——八百人のために!」

伊藤はめずらしく顔に興奮の色を出した。

「俺、最近——と云っても、この二三日なんだが、少しジレ〳〵してるんだ。今迄《まで》色々な遣《や》り方で福本イズムの時代のセクトを清算しながらやってきたが、まだ矢張りそれが残っている。今一息というところで、この工場を闘い抜けないのが、そこから来ているんじゃないかな……?」

須山は私の顔を見て云った。

「誰かが大衆の前で公然とやらかさないと、闘いにならないと思うんだ。量から質への転換だからな。——俺、それは極左的でない、、、、と思うんだが、どうだろう?」

須山は、誰かゞそれを「極左的だ」と云ったかのように、そこへ力をこめて云った。

私は「独断《ドグマ》」でなく、「納得」によって闘争を進めて行かなくてはならぬ。それで私は黙って、たゞ問題が正しい方向に進むように、注意していたゞけだった。ところが、それは矢張り正しいところへ向ってきていた。殊に伊藤や須山が仕事のやり方を理窟《りくつ》からではなく、刻々の工場内の動きの解決という点から出発して、而かもそれが正しいところに合致しているのだ。これは労働者の生活と離れていないところから来ていることで、我々の場合こゝに理論と実践の微妙な統一がある。

——私は、それを極左的だというのは、卑怯《ひきよう》な右翼日和見《ひよりみ》主義者が自分の実践上での敗北主義をゴマ化すために、相手に投げつける言葉でしかないと、須山に云った。

須山は「そうだ！」と云った。

私はそこで、私の案を持ち出した。瞬間、抑えられたような緊張がきた。が、それは極く短い瞬間だった。

「俺もそうだと思う……」

須山はさすがにこわばった声で、最初に沈黙を破った。

私は須山を見た。——と、彼は、

「それは当然俺がやらなけアならない。」

と云った。

私はそれに肯《うなず》いた。

伊藤は身体《からだ》をコッちりと固くして、須山と私、私と須山と眼だけで見ていた。——

私が伊藤の方を向くと、彼女は口の中の低い声で、「異議、な、し、——」と云った。

見ると、須山は自分でも知らずに、胡坐《あぐら》の前のバットの空箱を細かく、細かく切り刻んでいた。

それが決まった時、フト短い静まりが占めた。すると今まで気付かずにいた表通りを通る人達のゾロ〳〵した足音と、しきりなしに叫んでいる夜店のテキヤの大きな声が急に耳に入ってきた。

それから具体的なことに入った。――最近ビラや工新の「マスク」が、女の身体検査がルーズなために女工の手で工場に入っていると見当をつけて、女工の身体検査が急に厳重になり出している。それで当日は伊藤が全責任を持ち、両股《りょうもも》がゴムでぴッしりと強く締まるズロースをはいて、その中に入れてはいること。彼女は朝Sの方からビラを手に入れたら、街の共同便所に入って、それをズロースに入れる。工場に入ってからは一定の時間を決めて、やはり便所を使って須山に手渡す方法をとる。ビラは昼休に屋上で撒くこと。それらを決めた。

会合が終ると、今迄抑えていた感情が急に胸一杯にきた。

「永い間のお別れだな……！」

と私が須山に云った。

すると、彼は、

「俺の友達にこんなのがある」と云った、「仲の良い二人の友達なんだが、一人は三・一五で三年やられたんだ。ところがモウ一人は次の年の四・一六で四年やられた。

三・一五の奴《やつ》が出てきて、昨年の十二月又やられ、三年になった。そいつは四・一六の奴の出てくるのを楽しみにしていたんだ。それで監獄に入るときに曰《いわ》くさ、俺とあいつはどうも永久にこうやって入りくりになって会えないらしい、だが結構なことだって……！」

そして、「これは俺の最後の切抜帳《スクラップ・ブック》かな？」と自分で云った。

私と伊藤は――思わず噴き出した。が、泣かさるときのように私の顔は強《こ》わばった。

「どんなことがあったって、この組織さえがッちりと残っていれば、闘争は根をもって続けられて行くんだから、君だけはつかまらないようにしてくれ。――君がつかまったら、俺のしたことまでもフイで、犬死になるんだからな！」

と、須山が云った。

私たちは今日の決定通りに準備をすゝめ、二十六日の夜モウ一度会うことにして、「じア……」と立ち上がった。そのとき私と須山はそんなことをしようとは考えてもいなかったのに、部屋の真ん中に突ッ立ったまゝ両方から力をこめて手を握り合っていた。

フト須山は子供のようにテレて、

「何んだ、佐々木の手は小《ち》ッちゃいな！」

と、私に云った。

須山は外へ出ながら、モウこれからは機会もないだろうと思って、私の家《うち》に寄ってきたと云った。「君のおふくろは、会う度に何んだか段々こう小さくなって行くようだ。」と云った。

「…………？」

私は何を云うんだろうと思った。が、フイにその「段々小さくなってゆく」という須山の言葉は、私の心臓を打った。私はその言葉のうちに、心配事にやつれてゆく母の小さい姿がアリ〳〵と見える気がした。――が、こういう時にそんな事を云う奴もないものだ、と思った。私はさりげなく、たゞ「そうだろうな……」と云って、その話の尻《しり》を切ってしまった。

須山と別れてから、伊藤が次の連絡まで三十分程間があるというので、私と少しブラ〳〵することになった。私たちは、二十六日には須山のために小さい会をしてやろうということを話した。そのために伊藤が菓子とか果物を買ってくることにした。

伊藤は何時もは男のように大股《おおまた》に、少し肩を振って歩くのが特徴だった、それが私の側《そば》を何んだか女ッぽく、ちょこ〳〵と歩いているように見えた。別れるとき彼女は

「一寸《ちよつと》待ってネ」と云って、小さい店家《みせや》に入って行った。やがて、買物の包みを持って出てくると、

「これ、あんたにあげるの――」

と云って、それを私に出した。そして、私が「困ったな!」と云うのに、無理矢理に手に持たしてしまった。

「此頃《このごろ》あんたのシャツなど汚れてるワ。向うじゃ、ヨクそんなところに眼をつけるらしいのよ!」

下宿に帰って、その包みを開けてみながら、フト気付くと私は伊藤と笠原を比較してみていた。同じく女だったが、私は今までに一度も伊藤を笠原との比較で考えてみたことは無かったのだ。だが、伊藤と比らべてみて、始めて笠原が如何《いか》に私と遠く離れたところにいるかということを感じた。

――私はもう十日位も笠原のところへは行っていなかった……。

九

倉田工業の屋上は、新築中の第三工場で、昼休みになると皆はそこへ上って行って、

はじめて陽の光りを身体一杯にうけて寝そべったり、話し込んだり、ふざけ廻ったり、バレー・ボールをやったりした。その日はコンクリートの床に初夏の光が眩《まぶ》しいほど照りかえっていた。須山は自分のまわりに仲間を配置して、いざという時の検束の妨害をさせる準備をしておいた。

一時に丁度十五分前、彼はいきなり大声をあげて、ビラを力一杯、そして続け様に投げ上げた。――「大量馘首《かくしゅ》絶対反対だ！」「ストライキで反対せ！」……あとは然《しか》し皆の声で消されてしまった。赤と黄色のビラは陽をうけて、キラ〳〵と光った。ビラが撒《ま》かれると、みんなはハッとしたように立ちどまったが、次にはワアーッと云《い》って、ビラの撒かれたところへ殺到してきた。すると、そのうちの何十人というものが、ムキになって拾いあげたビラを、てんでに高く撒きあげた。それで最初一ヵ所で撒かれたビラは、また〳〵間に六百人の従業員の頭の上に拡《ひろ》がってしまった。――こんなことがあるだろうと、予《あらかじ》め屋上の所々に立ち番をしていた守衛は、「こら、こら！ビラを拾っちゃいかん！」と声を限り叫んで割り込んできたが、さて誰が撒いたのか見当がつかなくなってしまった。見ると誰でも、かれでもビラを撒いているのだ。仕方のなくなった守衛は、屋上からの狭い出口を厳《かた》めて、そこから一人ずつ通して首実験をしようとしたが、そんなことをしていたら一時間経《た》っても仕事が出来ない。

皆は、太いコンクリートの煙突から就業のボーが鳴り出すと、腕を組んでその狭い入口めがけて「ワッショ、ワッショ！」と押しかけてしまった。そうなれば、守衛には最早《もはや》どうにも手がつかなかった。——伊藤が見ていると、須山はその人ごみの中を糞《くそ》落付きに落付いて、「悠然と」降りて行ったそうである。

あとでおやじが「誰が撒いたか知らないか？」と一人々々訊《き》きまわったが、確かに須山が撒いたことを知っているものが居るにも拘《かかわ》らず、誰も云うものがいなかった。青年団の馬鹿《ばか》どもが、口惜《くや》しがって、プン〳〵した。その日、須山のいる第二工場と、伊藤たちのパラシュートでは気勢が挙がって、代表を選んで他の工場とも交渉し、会社に抗議しようというところまで来た。

帰りに須山と伊藤が一緒になると、彼は「こういう時は、俺だちだって泣いてもいゝんだろうな！」と云って、無暗《むやみ》に帽子をかぶり直したり、顔をせわしくこすったりした。

途中、彼は何べんも何べんも、「こうまでとは思わなかった！」「こうまでとは思わなかった！　大衆の支持って、恐ろしいもんだ！」と、繰りかえしていた。

私はビラを撒いた日の様子をきくために、その日おそく伊藤と連絡をとっておいた。私は全く須山が一緒にやって来ようとは考えてもいなかったのだ。私は伊藤の後から入ってきた須山を、全く二三度見直した位である。それが紛れもなく須山であることが分ったとき、私は思わず立ち上がった。

私はそこで詳しいことを聞いたのである。私も興奮し、須山が伊藤に云ったという云い方を真似《まね》して、「こういう時は俺だちだってビールの一本位は飲んだっていゝだろう！」と、三人でキリンを一本飲むことにした。

須山は躁《はしや》いで、何時もの茶目を出した。

「あのビラ少し匂《にお》いがしていたぞ！」

と、伊藤にそんなことを云った。私は、「こら！」と云って、須山の肩をつかんで、笑った。

然し、決定的な闘争はむしろ明日のきん褌《こん》一番にあるので、私たちはそれに対する準備を更に練った。

次の朝、職工たちが工場に行くと、会社は六百人の臨時工のうち四百人に、二日分の日給を渡して、門のところで解雇してしまった。ケイサツが十五六人出張してきていて、日給を貰《もら》いはしたものゝ、呆然《ぼうぜん》として、その辺にウロ〳〵している女工たちに、「さア帰った、帰った！」と、追い戻していた。

勘定口の側に、「二十九日仕事の切上げの予定のところ、今日になりました。然し会社は決して皆さんに迷惑を掛けないようにと、それまでの二日分の日給を進んでお払いしますから、当会社の意のあるところをお汲《く》み願います。なお又新しい仕事がある時は、会社としては皆さんに採用の優先権を認めますから、お含み下さい。」と、大きな掲示が出ていた。臨時工を二百人だけ後に残したことにも、彼等のコンタンがある。歩調を乱れさせたわけだ。

解雇組には須山も伊藤も入っていた。――私たちは土俵際《どひょうぎわ》でまんまと先手を打たれてしまった。――須山と伊藤は見ていられないほどショげてしまった。私とても同じである。然し敵だって、デクな人形ではない。私たちは直《す》ぐ立ち直り、この失敗の経験を取り上げ、逆転した情勢をそのまゝに放棄せずに、次の闘争に役立てるようにしなければならない。

蹴散《けち》らされたとは云うものゝ、本工のなかに二人メンバーが残っている。又解雇されたものたちは、それ〴〵の仕事を探がして散らばって行ったが、その中には伊藤と須山のグループが十人近くいる、従ってそれらとの連絡を今後とも確保することによって、私たちの闘争分野はかえって急に拡がりさえした。

彼奴《きゃつ》等は「先手」を打って、私たちの仕事を滅茶々々《めちゃめちゃ》にし得たと信じているだろう、だが実は外ならぬ自分の手で、私たちの組織の胞子《たね》を吹き拡げたことをご存知ないのだ！

今、私と須山と伊藤はモト以上の元気で、新しい仕事をやっている……（前編おわり）

（一九三二・八・二五）

作者附記。　この一篇を同志蔵原惟人《くらはらこれひと》におくる。

解説

蔵原惟人

わが国近代文学の歴史のうちで、半封建的な日本の現実にたいする不満と批判から、それとたたかいながら、その反映である文学そのものの革新を身をもって実践し、ついに日本の現実との対決のうちに、二十代の若さで死んでいった三人のすぐれた作家がある、——透谷《とうこく》、啄木《たくぼく》、多喜二がそれである。明治以後の日本の戦闘的民主主義文学の運命はこの三つのTのうちに、この三人の国民作家のうちに、象徴的に表現されている。

北村透谷は年少のころ当時の自由民権思想に共鳴してその運動に参加したが、その末期にあたり、「政界の醜状を悪《にく》むの念ようやく専《もっぱ》らにして」運動を去った。彼は政治において得なかった自由を文学の世界に実現しようとしたのである。しかし政治から去った彼は、文学においても日本の絶対主義的な社会の現実を回避し、人民大衆から離れて、主観的な観念の世界に、彼のいわゆる「内部生命」——近代的な自由と近代的な自我を打ちたてようとしたが、ついに敗れて一八九四年に二十五歳四カ月の若さで病のうちに自《みずか》ら生命を断って死んだ。

石川啄木が貧窮のうちに文学の革新を目ざし、詩や小説を書いたが世に認められず、短歌の形式によってはじめて新しい国民文学への道を切りひらいた人であることはよく知られている。彼は文学が人民の生活と感情に相わたるものでなければならないと考え、また文学者が国家の問題を回避していることを非難して、その観点から自然主義を批判した。とくにいわゆる幸徳事件以後彼は社会主義に傾倒して、その思想を反映する作品を残したが、健康と物質の生活にめぐまれず、透谷の死後十八年を経た一九一二年に、その二十六歳六カ月の生涯《しようがい》を終った。

小林多喜二もまた貧しい生活のうちに小樽《おたる》高商を卒業し、銀行員として生活の資を得ながら文学を志したが、人民の解放と文学の革新とがただ共産主義運動と結びつくことによってはじめて可能であることを確信してその運動に加わった。彼は警察的国家の暴状と人民の窮乏、生死を賭《と》してそれとたたかう労働者、農民、共産主義者たちの生活を描いた多くの作品を次々と発表して、日本の革命的プロレタリア文学の基礎をきずいたが、ついに官憲の悪むところとなり、啄木の死後二十一年を経た一九三三年に特高警察に逮捕され、その日のうちに最も野蛮な方法によって虐殺《ぎやくさつ》された。時に二十九歳四カ月であった。

この三人はいずれも日本の新しい国民文学の先駆者であり、そのもっとも果敢な戦士であった。しかも彼らはひとしくその時代にいれられず、不遇のうちに或《あるい》は自殺し、或は窮死し、或いは虐殺されている。それは封建的な性格を多分に残した日本近代社会発展の矛盾のはげしさを示すものであるが、同時にそれは世の先駆者が多かれ少なかれたどる道であって、このような犠牲のうえに、日本の民主主義文学は一歩々々と築かれていったのである。

これら三人の作家はそれぞれその時代を異にし、その出身の社会的階層を異にしている。彼らはおよそ二十年をへだてて世に現われ、およそ同じくらいの間をおいて世を去っている。また透谷は小田原藩の士族の子であり、啄木は岩手県の寺の住職の子であり、多喜二は秋田県の貧農の子であった。彼らはまたその社会的思想的背景を異にしている。透谷の文学の背景をなしているものは一八八〇年代の日本における自由民権思想とその運動であり、啄木のそれは一九〇〇年代の社会主義思想とその運動であり、多喜二のそれは一九二〇年代の共産主義思想とその運動である。そこに彼らの文学の性格の相異があった。

しかし同時に我々はその時代、その階層的出身、その社会的背景を異にした彼らの文学のあいだに、それぞれの時代の最も先進的な思想にインスパイヤされた文学としての逐次的な継承性をも見ることができるのであって、それは日本の単一な民主主義的国民文学の発展の歴史における三つの段階をなしていると考えてもよいであろう。

小林多喜二は一九〇三年十月十三日に、前に記したように秋田県の貧しい農家に生れた。幼少の頃、生活の手だてを求めて北海道に移住した一家とともに、彼は小樽の労働者街でその少年時代を送った。そこで彼は伯父の経営していたパン工場で働きながら学校に通い、一九二四年に小樽高商を卒業して、北海道拓殖銀行小樽支店に勤務した。

在学中から彼は小説を書き、中央の文学雑誌に投稿したり、校友会誌に発表したりしていたが、銀行員となってからは同志とはかって同人雑誌『クラルテ』を創刊してその編集責任者となり、幾つかの小説を書いた。しかしその頃からマルクス・レーニン主義の思想にひかれた彼は、その著作を読み、労働組合に近づき、小作争議や労働争議を応援したりするようになった。それにつれて彼の文学的見解も変って、その頃のプロレタリア芸術運動の組織にも参加するようになった。

それは日本の社会運動の歴史のうちで、新しい飛躍的な発展の時期であった。一九二二年に日本共産党が非合法に創立されてから、日本の社会運動の指導は、それまで漠然とした社会主義から、はっきりとして代表的な世界観と科学的な戦略戦術をもったマルクス・レーニン主義の上に立つ共産主義へと次第に移っていった。それは社会の変革をたんに政府の交代としてでなく、政治・経済・社会・文化のあらゆる面におけるもっと根本的な変革として、プロレタリアートを中心とする被圧迫階級による権力の奪取としてつかむ革命理論とその実践であった。それにともなって日本の進歩的・革新的な芸術運動も、その初期の労働者文学や「種蒔《たねま》く人」などの運動から、はっきりとしたマルクス・レーニン主義の芸術および芸術運動の理論によって指導されるプロレタリア芸術運動へと発展していった。

小林が身をもってはいっていった運動はこのような運動であった。しかしその運動が革命的であればあるだけ、それだけ政府当局のそれにたいする弾圧ははげしいものとなった。官憲は早くから極秘のうちにこの運動の組織を追及していたが、ついに一九二八年三月十五日の未明にその最初の大規模な弾圧を決行した。その日から全国にわたって幾千人の戦闘的な労働者・農民・知識人が検挙され、投獄された。北海道におけるこの運動の一つの中心地であった小樽でも五〇〇名以上のものが逮捕されて、残虐な拷問《ごうもん》にかけられた。当時まだ党の組織と直接の結びつきをもっていなかった小林はこの検挙をまぬがれたが、しかし彼は警察におけるこれらの同志たちの英雄的な闘争に感激してそれをテーマとする有名な小説『一九二八年三月一五日』を書きあげて、それをその頃のプロレタリア芸術運動の機関誌であった『戦旗』のこの年の十月・十一月号に発表した。この小説は小林のその後の文学的方向を決定したばかりでなく、日本の革命文学の古典として今なお広く読まれている。

これより前に小林は有島武郎の『カインの末裔《まつえい》』などに刺激されて、原始的な農民の反抗を描いた小説『防雪林』を書いている。しかし彼はそれを発表しなかった。それは彼がこの小説がこのような嵐《あらし》の時代にふさわしくないものと考えたからであろう。この小説は遺稿として戦後になってはじめて発表されたが、これはこの時代における彼の文学的才能の高さを示すすぐれた作品である。彼はその後この小説を改作し、『不在地主』（一九二九年）として発表した。

本書に収められた『蟹工船《かにこうせん》』は『一九二八年三月一五日』につづく小林の第二作としてその翌一九二九年に、これもまた『戦旗』の五月・六月号に発表された。

前作で革命運動の指導者たちの英雄的な行動を描いた彼は、ここでは社会の下積みになっている労働者大衆の非人間的な生活とその自然成長的な闘争を描いている。ソヴェート領カムチャツカの領海に侵入して蟹を取り、これを加工して罐詰《かんづめ》にするために仕立てられた一群の蟹工船はどれもこれもボロ船で、しかも「航船」でないために航海法を適用されない。そこに季節労働として北海道で雇いいれられる百姓・坑夫・漁師・土方・学生・貧民街の少年たちは、すべての人間的権利を剝奪《はくだつ》されて、会社の利潤と帝国の「国策」のために言語に絶して虐使される。

蟹工船博光丸に会社から派遣された監督の浅川は友船のSOSを無視し、他の船の張った網を引きあげてその収獲を横取りするなどの破廉恥漢《はれんちかん》であるが、彼は自分の成績をあげるために、労働者に過酷な残業を強《し》い、病人を放置し、「焼きを入れ」、死人にたいしてさえ最小限度の礼もつくそうともしない。このような非人間的な搾取《さくしゅ》にたえかねた労働者は自然発生的にサボに入るが、そのうちから幾人かの代表があらわれて、ついにストライキにまで発展する。ストライキは団結の力によって成功するかに見えたが、蟹工船を「護衛」していた駆逐艦から銃剣を擬した水兵が乗り込んで来て、労働者が自分たちの仲間だと信じていたこれらの水兵によって代表の九人が駆逐艦に護送されてゆく。

ここで小林は帝国主義国家の「辺境」における植民地的な搾取、未組織労働者の団結、国家と財閥と軍隊との関係、天皇制の問題などを示そうとした。そして彼はそれを生々とした描写のうちに見事にやってのけた。この意味でこれは日本の近代文学史上における劃期《かつき》的な作品であるということが出来る。

彼はまた未組織の労働者を国家と資本家に対立する一つの生きた集団として描こうとした。それはそれまでの日本文学に支配的であった個人の私生活や心理を長々と描写してゆく創作方法にたいする作者のアンティテーゼであって、これもまた日本文学の創作方法の発展のうちに大きな意義をもつものであった。しかし同時に作者が個人を集団のうちに解消してしまったところにこの作の欠陥もあるといわなければならない。ここでは個々の労働者の独自な階層的・個人的な容貌《ようぼう》が十分にはっきりと示されていない。そのために全体としての集団の力はかなりダイナミックに示されているが、個々の形象がはっきりと印象づけられない結果をともなった。小林はここでいわゆる大衆化のための色々の形式上の努力をしているが、文学の大衆化は言葉をやさしく書くということだけにするのではなく、むしろ主として現実の本質を正しくとらえて、それをはっきりとした形象のうちに表現することになければならない。

『蟹工船』は小林の名声を高め、同時に日本のプロレタリア文学を世界的なものにした。この後、彼は前記の『不在地主』、『工場細胞』（一九三〇年）、『オルグ』『安子』『転形期の人々』（以上一九三一年）などを書いた。

『党生活者』は以上の諸作についで、小林の死の前年である一九三二年の八月に書かれた。これは彼の晩年をかざる力作であるだけでなく、当時のプロレタリア文学の最高水準を示す作品であった。

『蟹工船』で最も原始的な搾取のもとにさらされている未組織労働者のストライキを取扱った彼は、『党生活者』で近代的な軍需工場の計画的な争議を描いている。前者ではストライキの指導者となったものが大衆のうちから自然に出て来た代表であったが、ここではその争議を指導するものが、「私」をはじめとする工場内の共産党細胞である。同時にこの作品は非合法の状態におかれた共産党員の困難で細心な用意を必要とする生活と活動を具体的に示し、日本文学ではじめて共産主義的人間の造形に成功した小説として注目される。

この小説の主人公である「私」は小林自身の地下生活者としての体験にもとづいて描かれている。これより先小林は一九三一年の秋日本共産党に入党し、主として文化運動の指導に参加していたが、翌一九三二年の三月から四月にかけて、プロレタリア文化団体への大規模な弾圧があり、その多くの指導者が奪われてから、彼は宮本顕治らとともに非合法的生活にはいることを余儀なくされた。作中人物である「私」の個人的な生活に関する部分はだいたいその事実にもとづいて書かれている。そこには「始めこの新しい生活は小さい時誰が一番永く水の中に潜っているかという競争をした時のような、あの堪えられない何とも云《い》えない、胸苦しさを感じ」たような非合法の党生活が、いかに人間を変革して、「個人的な生活が同時に階級的生活であるような生活」にまで変ってゆくかということが、作者自身の体験にもとづいて生々と描写されている。

また作中の「倉田工業」は作者がかつて関係をもった藤倉電線をモデルにしたものであるが、彼はそれをすでに「満洲《まんしゆう》事変」が発展していたこの時代の「国策」化された工場の一つの典型として描いている。ここにも小林がつねにその時代の最も中心的な課題に自分の作品の主題を結びつけようとする努力が見られる。

もっとも現在から見ればここに肯定的に描いている闘争方法自体には多くの問題があるであろう。そしてこのことはこの作中の人物の取扱い方に一定のひずみがあると批判される点にも関連してくるのである。しかしその頃戦争に反対し、人民の解放を叫ぶ唯一《ゆいいつ》の党であった日本共産党は、官憲のきわめてきびしい追及のうちに、まだ少数の党として、不自由をきわめた非合法の状態におかれていた。党の課題は、その闘争を遂行するための多数者の獲得ということにあったが、このような状態で大衆との接触はひじょうに変則的なものとしてしかありえなかった。そこから何とか少しでも運動を進展させようとする焦《あせ》りや人間にたいする今から見ればいくぶん歪《ゆが》んだ扱い方なども生れたことは否《いな》むわけにはいかない。しかしそれをただ「かくあるべき」の観点からだけ批判することは、あの戦時下に何もしないではかり知れない人間にたいする暴虐を傍観していたものだけがなしうることである。といって私はその当時の運動の歪みを肯定するものではもちろんないが、最も甚《はなは》だしい非人間的な暴虐とたたかうためには、時にはこのようなより少い悪をしのばなければならないこともありうるということは言っておかなければならない。

小林の『党生活者』のうちにはこの時代の運動の英雄的な、自己犠牲的な面とその若干の歪みとが反映されている。作家としての小林がこの若干の歪みをそのまま反映しているということは今日から見ればたしかにその欠点であるが、当時の現実を知っている私としてはむしろ小林があの時代によくこれまで書けたと思うのである。文章や描写の面でもこの作品は大きな進展を示している。小林は作品の平明さということに努力した作家であるが、これはその点で以前の作品に比較して巧まずに、また通俗化におちいることなしに成功していると思う。

この作品はその生前にはついに発表されず、一九三三年二月二十日に彼が党の街頭連絡中逮捕され、警察で虐殺された後、その年の四月と五月の『中央公論』に『転換時代』という仮題で、全体の五分の一におよぶ伏字をともなって発表された。その完全な復原された刊行は彼の死後十数年を経た戦後になってはじめて実現された。

小林のこれらの作品はその若干の欠陥にもかかわらず、日本の新しい国民文学の古典として高く評価され、日本の民主化のためのたたかいがいかに困難な道をたどって来たかということを知るためにも、ひろく国民全体に読まるべきものであると思う。

（昭和二十八年六月、文芸評論家）

表記について

新潮文庫の文字表記については、原文を尊重するという見地に立ち、次のように方針を定めました。

一、旧仮名づかいで書かれた口語文の作品は、新仮名づかいに改める。
二、文語文の作品は旧仮名づかいのままとする。
三、旧字体で書かれているものは、原則として新字体に改める。
四、難読と思われる語には振仮名をつける。

なお本作品集中には、今日の観点からみると差別的表現ととられかねない箇所が散見しますが、著者自身に差別的意図はなく、作品自体のもつ文学性ならびに芸術性、また著者がすでに故人であるという事情に鑑み、原文どおりとしました。

（新潮文庫編集部）

泉鏡花著
婦系図
『湯島の白梅』で有名なお蔦と早瀬主税の悲恋物語と、それに端を発する主税の復讐譚を軸に、細やかに描かれる女性たちの深き情け。

尾崎紅葉著
金色夜叉
熱海の海岸で、許婚者の宮の心が金持ちの他の男に傾いたことを知った貫一は、絶望の余り金銭の鬼と化し高利貸しの手代となる……。

国木田独歩著
牛肉と馬鈴薯・酒中日記
理想と現実との相剋を越えようとした独歩が人生観を披瀝する「牛肉と馬鈴薯」、人間の孤独を究明した「酒中日記」など16短編を収録。

田山花袋著
田舎教師
文学への野心に燃えながらも、田舎の教師のままで短い生涯を終えた青年の出世主義とその挫折を描いた、自然主義文学の代表的作品。

永井荷風著
濹東綺譚
小説の構想を練るため玉の井へ通う大江匡と、なじみの娼婦お雪。二人の交情と別離を描いて滅びゆく東京の風俗に愛着を寄せた名作。

中島敦著
李陵・山月記
幼時よりの漢学の素養と西欧文学への傾倒が結実した芸術性の高い作品群。中国古典に取材した4編は、夭折した著者の代表作である。

長塚節著
土
鬼怒川のほとりの農村を舞台に、貧しい農民たちの暮し、四季の自然、村の風俗行事などを驚くべき綿密さで描写した農民文学の傑作。

永井龍男著
青梅雨
野間文芸賞受賞
一家心中を決意した家族の間に通い合うやさしさを描いた表題作など、人生の断面を彫琢を極めた文章で鮮やかに捉えた珠玉の13編。

樋口一葉著
にごりえ・たけくらべ
明治の天才女流作家が短い生涯の中で残した名作集。人生への哀歓と美しい夢が織りこまれ、詩情に満ちた香り高い作品8編を収める。

二葉亭四迷著
浮雲
秀才ではあるが世事にうとい青年官吏の苦悩を描写することによって、日本の知識階級の姿をはじめて捉えた近代小説の先駆的作品。

室生犀星著
杏っ子
読売文学賞受賞
野性を秘めた杏っ子の成長と流転を描いて、父と娘の絆、女の愛と執念を追究し、また自らの生涯をも回顧した長編小説。晩年の名作。

横光利一著
機械・春は馬車に乗って
ネームプレート工場の四人の男の心理が歯車のように絡み合いつつ、一つの詩的宇宙を形成する「機械」等、新感覚派の旗手の傑作集。

新潮文庫最新刊

荻原浩著　押入れのちよ

とり憑かれたいお化け、№1。失業中サラリーマンと不憫な幽霊の同居を描いた表題作他、必死に生きる可笑しさが胸に迫る傑作短編集。

吉村昭著　彰義隊

皇族でありながら朝敵となった上野寛永寺山主の輪王寺宮能久親王。その数奇なる人生を通して江戸時代の終焉を描く畢生の歴史文学。

赤川次郎著　無言歌

お父さんの愛人が失踪した。それも、お姉ちゃんの結婚式の日に……女子高生・亜矢が迷い込む、100％赤川ワールドのミステリー！

今野敏著　武打星

武打星＝アクションスター。ブルース・リーに憧れ、新たな武打星を目指して香港に渡った青年を描く、痛快エンタテインメント！

米村圭伍著　退屈姫君　これでおしまい

巨富を生み出す幻の変わり菊はいずこへ？「菊合わせ」を舞台にやんちゃな姫とくノ一コンビが大活躍。「退屈姫君」堂々の完結！

神崎京介著　不幸体質

少しだけ不幸。そんな恋だからこそ、やめられない――。恋愛小説の魔術師が描く、男と女の赤裸々なせめぎあい。甘くて苦い連作集。

新潮文庫最新刊

海道龍一朗著
北條龍虎伝
大軍八万五千に囲まれた河越城、守る味方はわずか三千。北條氏康、綱成主従の絆と戦国史に特筆される乾坤一擲の戦いを描いた傑作。

阿刀田高著
チェーホフを楽しむために
様々な人生をペーソス溢れるユーモアでくるんだ短編の数々——その魅力的な世界を、同じく短編の名手が読み解くチェーホフ入門書。

吉本隆明著
詩の力
露風・朔太郎から谷川俊太郎、宇多田ヒカルまで。現代詩のみならず、多ジャンルに展開する詩歌表現をするどく読み解く傑作評論。

養老孟司著
かけがえのないもの
何事にも評価を求めるのはつまらない。何が起きるか分からないからこそ、人生は面白い。養老先生が一番言いたかったことを一冊に。

池田清彦著
だましだまし人生を生きよう
東京下町に生まれ、昆虫に夢中だった少年は、やがて日本を代表する気鋭の生物学者に。池田流人生哲学満載の豪快で忌憚のない半生記。

倉本聰著
北の人名録
永遠の名作「北の国から」が生まれた富良野。その清冽な大地と鮮烈な人間を活写。名脚本家による伝説のエッセイ、ついに文庫化。

新潮文庫最新刊

宮沢章夫著
アップルの人
デジタル社会は笑いの宝庫だ。Ｍａｃ、秋葉原からインターネット、メールまで。パソコンがわからなくても面白い抱腹絶倒エッセイ49編。

中島岳志著
インドの時代
—豊かさと苦悩の幕開け—
日本と同じように苦悩する、インド。我々と異なる問題を抱く、インド。気鋭の研究者が、知られざる大国の現状とその深奥に迫る。

青木玉著
着物あとさき
祖父・幸田露伴から母・幸田文へと引き継がれた幸田家流の装いの極意。細やかな手仕事を加えて、慈しんで着続ける悦びを伝える。

野瀬泰申著
天ぷらにソースをかけますか？
—ニッポン食文化の境界線—
赤飯に甘納豆!?「天かす」それとも「揚げ玉」？ お肉と言えばなんの肉？ 驚きと発見の全国〈食の方言〉大調査。日本は広い！

伊東成郎著
幕末維新秘史
桜田門外に散った下駄の行方。西郷を慕った豚姫様。海舟をからかった部下。龍馬を暗殺した男。奇談、珍談、目撃談、四十七話を収録。

関裕二著
藤原氏の正体
藤原氏とは一体何者なのか。学会にタブー視され、正史の闇に隠され続けた古代史最大の謎を解き明かす、渾身の論考。

蟹工船《かにこうせん》・党生活者《とうせいかつしや》

新潮文庫　こ-2-1

昭和二十八年六月二十八日 発行
平成十五年六月二十五日 九十一刷改版
平成二十年十二月二十五日 百十四刷

著者　小林《こばやし》多喜二《たきじ》

発行者　佐藤隆信

発行所　株式会社 新潮社
郵便番号 一六二―八七一一
東京都新宿区矢来町七一
電話 編集部(〇三)三二六六―五四四〇
読者係(〇三)三二六六―五一一一
http://www.shinchosha.co.jp

価格はカバーに表示してあります。

乱丁・落丁本は、ご面倒ですが小社読者係宛ご送付ください。送料小社負担にてお取替えいたします。

印刷・錦明印刷株式会社　製本・錦明印刷株式会社
Printed in Japan

ISBN978-4-10-108401-5 C0193